臨床動作法の実践をまなぶ

針塚 進 監修　遠矢浩一 編

新曜社

はじめに

本書は、成瀬悟策九州大学名誉教授によって研究開発された「臨床動作法」について、成瀬名誉教授のご指導のもと、成瀬門下生として、その具体的方法論と理論の基礎を成瀬名誉教授と二人三脚で発展・展開させた針塚進九州大学名誉教授と、その弟子たちによって、基礎理論、実践例および研究例を多角的にご紹介したものです。

臨床動作法は、その開発の契機となった肢体不自由教育現場における「自立活動（かつての養護・訓練）」カリキュラムにおける指導方法として国内で広く用いられているだけでなく、精神科クリニックや心療内科等における様々な精神疾患に対する臨床心理学的技法として、また、不登校、社交不安といった社会生活適応におけるつまずきや、とまどいを経験している方々への心理的適応支援の方法、スポーツに取り組むアスリートの支援技法などとしても用いられるように発展してきました。近年、立て続けに起こっている自然災害における避難住民や喪失体験をされた被災者に対する緊急支援においてもその一端を担っています。

公認心理師が国家資格化し、臨床心理学が担う国民の健康支援の役割は計り知れなく大きなものとなってきました。公認心理師法には多職種連携の必要性が示され、保健・医療、教育、福祉、司法矯正、産業等、各種領域とのネットワークを絶え間なく保ちながら個人を支援する必要性が示されました。主体をとりまく環境や個人的特性を網羅的に考慮しながら、個人の生活機能を支えようとするこの考え方は、すでに、ＩＣＦ（国際生活機能分類、ＷＨＯ）で示されている、我々、臨床心理支援業務従事者が持たなければならない不可欠な理念です。

そうした意味で、本書では、「教育」「医療」「福祉」「地域支援」などさまざまな現場での臨床動作法の実践例を幅広く取り上げて、実際に要支援者に対してどのように臨床動作法が適用され、どのような効果が得られるのかについて、具体的に紹介しました。各現場における動作者のようすや、実践現場の雰囲気を生き生きと伝えながら、各章、丁寧に解説しています。さらに、これらの実践例の紹介に先がけて、監修者の針塚により、実践の前の基礎知識として、臨床動作法のなりたちや、主要な動作課題、心理的効果などに関する解説文を含めました。日頃、ことばを通したカウンセリングについて学び、実践している方々にとっては、新たな視点が得られることと期待しています。

さらに、現場における臨床効果は、エビデンス・ベースと言われるように、自らの実践の説明責任を果たしていくうえで実証的に明らかにされる必要があります。したがって、本書の最後に臨床動作法の四例の研究方法論を紹介する章を加えました。臨床現場で起こる動作者における変化がどのように生じるのか、なぜ生じるのかについてのエビデンスを明示しています。今後の研究計画の参考にもなれば幸いです。

単に、諸機関に来談する要支援者・相談者に自らの専門性にのみ閉じた一方的な支援を続けるのではなく、種々の臨床心理学的理論・技法のすりあわせのなかで、幅広く多角的に支援を展開していく技量が、公認心理師や臨床心理士には今後ますます求められてゆくことでしょう。臨床動作法を知ることで、その他の臨床心理学的技法との違いや類似性を振り返り、悩める方々に多面的・多角的・網羅的な支援を提供できるよう、読者の皆様のお役に立てることが私たち、執筆者の願いです。

このように、本書は、公認心理師や臨床心理士をめざす学部生や大学院生が臨床現場に出る前に、臨床動作法を演習するテキストとして授業で用いることができる内容ともなっています。臨床動作法の理論や技法を理解するためだけではなく、こころの症状と呼ばれるものがどのように現れるのか、そのようなこころの症状は、からだを通してどのように表現されてくるのか、そうした要支援者、クライエント、来談者と呼ばれる方々の実像をよく理解していただけるものと思います。そして、ことばによるカウンセリングだけではなく、ことばを多く用いずとも、からだを通した支援技法を通して、症状が軽減したり、その人そのものの生き方、生き様が変わっていく様子もありありとわかっていただけると思います。

なお、本書に登場する事例は、個人情報を特定されないよう配慮したうえで収載しています。本書を、初学者の皆様にとっては臨床動作法の入り口として、また、臨床動作法に日頃慣れ親しんでいる方々にとっては自らの臨床活動の振り返りとして、研究を志す皆様にとっては研究方法の参考資料として、微力ながら、役立てていただければ幸いです。

令和元年　九月

編　者　**遠矢浩一**

■目次（敬称略）

◎臨床動作法を実践する

◎臨床動作法の研究方法

■装　幀＝虎尾　隆

臨床動作法の実践のまえに

臨床動作法の基礎知識

針塚　進

臨床動作法の成り立ち

臨床動作法は、「脳性まひ」をもつ人の不自由なからだの動きを改善するための援助や訓練の方法として始められました。その初めの頃の方法は、催眠を用いたりもしましたが、催眠を用いることの問題が分かってきたところから、リラクセイションの技法や適切なからだの動きを習得できるような技法を用いる現在の臨床動作法の方法が次第に発展してきました。

臨床動作法は、一九六五年頃から脳性まひ者への催眠法の適用に端を発し、次第に脳性まひ児・者の不自由な動作を改善するための訓練法として、成瀬悟策による「弛緩訓練法」（一九六七ａ）から発展してきています。それ以降は、「単位動作訓練」「基本動作訓練」などの方法が開発されて、一九七〇年頃には、「心理リハビリテイション」（成瀬、一九七三）として障害児・者のための動作法を中心とした訓練プログラムが展開されるようになってきました。そして、一九七〇年代の終わり頃から一九八〇年初めにかけて、脳性まひ者への動作改善を主たる目的としていた動作法を自閉症児、ＡＤＨＤなどの発達障害児、精神遅滞児などの障害児、あるいはスポーツ選手の心身のコントロールの目的などにも適用されるようになりました。さらに、一九八〇年代の後半からは統合失調症、うつ病、神経症など精神科医療領域、うつ状態や認知症のあるような高齢者、あるいは不登校・ストレスマネイジメントなどの教育領域での心理療法としても動作法が用いられるようになりました。

以上のように動作の改善を目的とする動作訓練から心理療法として動作療法が用いられるようになったので、臨床に用いられる動作法を「臨床動作法」と総称するようになりました。

脳性まひと心理リハビリテイション

まずは、動作訓練の創始者である成瀬悟策が一九七〇年代の初めに提唱した、心理リハビリテイションについて、簡単に紹介します。心理リハビリテイションとは、以下の五つの下位プログラムから成る障害をもつ人たちへの支援プログラムをいいます。

①臨床動作法
②集団療法
③生活指導
④親（保護者）支援
⑤トレーナー研修（トレーナー養成・指導）

臨床動作法は、心理リハビリテイションプログラムの中心となるプログラムであり、かつ援助技法でもあります。この臨床動作法は、脳性まひ児・者などの動作不自由に対して動作の改善に向けた援助を主たる目的とする場合には「動作訓練」と呼ばれていました。しかし、現在では動作改善を主たる目的としない場合も多くなってきているため、「動作訓練」も含めて「臨床動作法」と総称することが増えてきています。いずれでも基本的な理論や考え方は共通しています。

脳性まひをもつ人の歩き方をみると、脚の膝を曲げて、踵が上がり、左右にからだを大きく揺らせて、すぐにでも何かに躓いて、転んでしまうのではないかと思うような歩き方をしています。このような歩き方は、脳性まひをもつ人が自分で膝を伸ばすことや踵を地面にしっかりとつけることができないからです。もちろん、自分一人で立ったり、歩いたりというようなからだの動きさえできない人、床や椅子に一人で坐れない人もいます。しかし、脳性まひをもつ人がからだを自由に動かせないのは、動かそうとする気持ち（意図）がないのではありません。また、動かそうとする努力が足らないわけでもありません。自分でしっかり立ちたい、しっかりと歩きたいと強く思っていますし、そのために懸命にがんばります。でも、自分の思った通りにからだが動かせないということです。それは、動かそうとする努力の仕方が適切でないので思った通りにからだが動かないということだと臨床動作法では考えられています。

そして、このようにからだの動きが不自由で制限されたりしていると、私たちのからだはその制限された動きだけに適合するように筋肉や腱などの緊張が固定化し、からだが硬くなってきます。その傾向は、特に障害のない人でも年をとるにつれて強くなりますが、脳性まひをもつ人は、子どもであっても特にその傾向が強いのでからだが硬くなり、さらにからだを動かしにくくなってきます。

私たちはからだを動かす時、ほとんど意識することなく、動かすのに必要な筋肉や腱を使っています。例えば、腕を伸ばして何かを手で取ろうとすれば、肘を伸ばして手を開いて握って物を取り、肘を曲げて手元に持ってくるという動きをします。その時には腕の筋肉や腱に力を入れて腕を伸ばし、手の指には開く力と握る力を使い、そして腕の伸ばしていた力を抜いて曲げる力を入れます。このようにからだを動かして何かをしようとする時にはその人が筋肉に力を入れたり、抜いたりということをしなくてはなりません。このことを言い換えると、からだの動きは人が筋肉や腱の緊張や弛緩をさせることによって行われているということになります。

前に述べたように、脳性まひをもつ人は自分でからだを動かそうとする気持ち（意図）はもっていますが、動かそうとする努力の仕方が適切ではないから自分が意図した通りに動かせないのです。それは、あまり力を入れる必要のない肩に力を入れてしまい、腕を伸ばす方向への力ではなく、曲げる方向に力を入れてしまうなどということにもなります。さらにいえばからだの緊張と弛緩の仕方に問題があり、適切でない部分のからだの緊張であったり、思った以上に強い緊張が起こり、緊張がなかなか抜けない（弛緩しない）ということになります。

また、脳性まひをもつ人が、思ったようにからだが動かなかったり、適切でない部分に緊張が入ったりすると、「どうしよう」などと焦ったりします。するとますます緊張が強くなり、からだが固まったように動けなくなったりします。同じように、私たちが大勢の人の前で話さなければならない時などには、心理的に緊張し、口ごもったり、つっかえたりなど、いつものように普通には話せません。これは、顔・口・舌などのからだの緊張が過度になりうまく口や舌を動かせないからだといえます。このことは、焦りなどの心理的な緊張とからだの緊張とが強く関係していることの現れです。

催眠法の導入、およびその問題点

先に述べたように脳性まひをもつ人は、からだを動かそうとしたり、心理的に緊張すると強いからだの緊張を示します。しかし、強いからだの緊張を示す脳性まひをもつ人も、眠っている時には、からだの緊張はみられず弛緩（リラックス）していることが分かりました。そこで、一九六三年頃から脳性まひをもつ人に催眠を適用し、動かせないからだを動かせるようにしようという試みと研究が始まり、一九六六年頃には催眠法による脳性まひ者のリハビリテイションに関する研究が始まりました。

催眠法は、被催眠者に対して心身がリラックスするような手続きをして、外界からの刺激（音など）に反応しないように瞑想状態に導入し、催眠者の暗示に従ってイメージを浮かべたり、からだを硬直させたりなど通常の意識のある覚醒した状態とは異なる心理状態やからだの動きができるように導く方法です。この催眠法は、被催眠者の意識状態を変性させる方法であり、催眠中に行ったことを覚えていない場合や覚えていても自分が行ったという意識ではなく、「自然にからだが動いた」というような意識体験をもたせる方法です。

一九六四年頃に初めて脳性まひ児に催眠法が適用され、それまで動かせなかった手が催眠による暗示によって動くようになったことが報告されました。そのことがきっかけで、「催眠法による脳性マヒ者のリハビリテイションに関する研究」（成瀬、一九六六）が行われ、脳性まひ者に催眠法を用いた実践と研究が進められました。成瀬（一九六七）は、脳性まひ者の緊張を考えるとともに弛緩を考えることにより、緊張と弛緩との間にバランスを得させることができるならば、脳性まひの機能訓練に新たなる展開があると考えました。すなわち、緊張が強すぎてバランスの悪い脳性まひ者に弛緩行動をもたらすのに最も可能性が大きいのは催眠的な方法の援用だと考えられ、催眠法が用いられました。

しかし、催眠などによる「援助された弛緩」ができるようになっても、援助がなくなるともとの過度緊張に戻ってしまう、ということが分かってきました。そして、より大切なこととして、自分で「弛緩の感覚」

を体験するとともに、自分自身で弛緩できるようになることを学習しなければ、思うように弛緩できないことが分かってきました。

さらに、催眠暗示、後催眠暗示、自己催眠法などによって、「自己弛緩」が学習できてくるにつれて、過度の緊張が減少し始め、スムーズな動きができ始めるようになりますが、このような弛緩は、催眠中でなくても弛緩の練習を進めれば得られるようになる、つまり覚醒時でも自己弛緩の学習が可能であることも分かるようになってきました。

また、この催眠法の導入は、誰でもが簡単にできるわけでもなく、また脳性まひ者でも導入されにくい者も多く、その適用についての難しさもありました。したがって、自己弛緩の学習でも十分であることが分かり始めたことから、催眠法を用いない弛緩法への移行が始まりました。

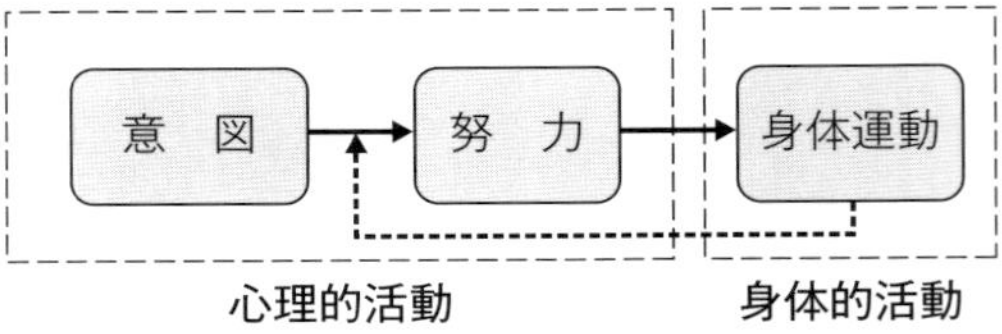

図１　動作のプロセス（成瀬，1973）
動作は、「意図」「努力」という心理的活動と「身体運動」という身体的活動からなる

動作とは

そもそも、動作とはいったいどのようにして為されるのでしょうか。動作とは、まず動かそうとする「意図」に始まり、動かすための「努力」が行われ、その結果として身体運動が実現されるという一連のプロセスです（図１）。からだの動きは、その主体の意識性において大きく「主動」「自動」「被動」という三つに分けられ、それぞれに伴うからだの動きの感じが体験されます。

「主動」とは、動作の主体が意識的に動かそうと努力して生じる動作であり、自分が動かしているという体験に伴う動作感を「主動感」といいます。

「自動」とは、動作の主体が動かそうとする意識がないままに生じる動作であり、それに伴い自然に動いているという体験に伴う動作感を「自動感」といいます。

「被動」とは、誰かに動かされて生じるからだの動きであって、動かされている体験に伴う感じを「被動感」といいます。これは動作感ではありませんが、体験に伴う感じではあります。

脳性まひ者がもつ緊張を弛緩とのバランスをもたせ、スムーズな動きに結びつけるには適切な自己弛緩の学習が必要だということが分かりましたが、なかなか自己弛緩を持続させるのは難しいことです。そのために、「緊張－弛緩」の繰り返しによる方法（TR弛緩法）などが取り入れられました。すなわち、弛緩させたいからだ部位をまず緊張させ、その緊張したからだの感覚を覚えたのちに、その部位を脱力させて、からだの緊張感が消えていく過程を体験するようにさせることによって、そのからだの緊張感が分かるようになり、その緊張感が消える、すなわち弛緩する感じが分かるようになるのです。次項のリラクセイション課題は、このように「緊張－弛緩」の繰り返しによって自分で弛緩をすることを学習させるような方法です。

自己弛緩学習のためのリラクセイション課題

主なリラクセイション課題として、次のような課題があります。

①肩および肩甲骨部位のリラクセイション課題
②背中部位のリラクセイション課題
③股関節、腰のリラクセイション課題
④脚のリラクセイション課題

⑤躯幹部のリラクセイション課題

からだの各部位のリラクセイション課題による訓練が進むと、これまでの過度の緊張が出なくなったり、肘の緊張が弛んであまり伸ばせなかった腕を伸ばせるようになるなど、これまで動かせなかった部位が動かせるようになります。

しかし、脳性まひ者ではリラクセイション課題によって肘は伸びるようになるが、手首が曲がって、廻旋してしまうなどのことがみられることがあります。このように、弛緩により過度の緊張が出なくなり、適切な動作ができるようになる場合と、緊張が弛んでも適切な動作にならないような場合があります。つまり、適切な動作は緊張が弛めば可能になるわけではなく、適切な動作を習得する訓練が不可欠です。

目的動作と単位動作

成瀬（一九六七b）は、このようにリラクセイション課題などによって過度緊張が弛めば動くような障害は、過度緊張によって動作がうまくいかない障害なので secondary disability と呼び、もともと動かせない動作（意図的・合目的的に動かすための力の入れ方などの学習ができていない動作）を primary disability と呼んでいます。そして、primary disability については、意図的・合目的的に動かすための力の入れ方など合目的的な学習が必要であり、secondary disability には、誤った力の入れ方などの習慣的な誤った動きが学習されているので、そのような誤った学習を消去し、合目的的な正しい動きの学習に置き換えるような練習が必要だとしています。

脳性まひ者は、他の人と握手をするというような動作を行う時に手が前に出ず、肘も真っ直ぐに伸びず、手首が屈曲して開かないなど、何かを目的とした動作ができないことが多いのです。本人の気持ちとしては、腕と肘を伸ばして手を前に出しているつもりでも、懸命に力を入れているが、どこに力を入れているのか分からないという感じで、肩、肘や手首にどのように力を入れていいか分からない状態になっています。つまり、肩、肘、手首、手指などの個々の部分が分化しておらず、一つの塊のように動いてしまい、本人にとってはその部分ごとに動かすことができない状態です。したがって、訓練課題では肩、肘、手首、手指などが一塊になって動いてしまう動作を、合目的的な動作が実行できるように、それぞれの部位が分化した動作が行えるよう援助することが重要だということになります。

以上のことから、動作には他の人と握手をするというような何かを目的とした動作をそのまま適切に動かすという「目的動作」と、肩、肘、手首などの各部位の特定の関節部位を中心とした動作、例えば肩に力を入れる、肘を伸ばす、曲げる、手首を捻じる、手を開く、握るなどの単純な関節部位単位の運動としての「単位動作」とがあり、これらを分けて考えることができます。

一般には、上記の単位動作よりも、手で哺乳瓶を持つ、ハイハイをするなど、乳幼児でも合目的的な動作を学習しながら、多くの動作を獲得していきます。脳性まひ児においても手を伸ばして何かをつかもうとするなどの合目的的な動作を行おうとします。しかし、脳性まひ児においては、努力はするが過度の筋緊張が生じてしまい、合目的的な適切な動作の習得ができないので、不適切な動作のパターンが身についてしまいます。つまり、脳性まひ者に合目的的な全体的動作を習得させようとしても、不適切な動作のパターンになってしまうことになります。したがって、脳性まひ者が動作を習得するための援助の方法としての動作法は、単位動作と目的動作に分けて考えられ実践されてきました。

単位動作の訓練課題

過度な筋緊張を自己弛緩できるような援助であるリラクセイション訓練課題を基本としながらも、目的動作を行おうとするとさまざまな部位に「定型化」されたように過度緊張が生じるので、目的動作を妨げるような不適切な動きが生じることがあります。そのため、目的動作を構成するであろう最小限の関節部位を動かす単位動作課題から訓練を始めると、定型化されたような過度緊張を抑制しながらその単位動作が可能となり、単位動作の習得が進展します。主な単位動作の訓練課題は以下のようなものがあります。

①掌・手指の開閉の課題：指を曲げて掌を閉じる・指を伸ばしながら開くという動作課題です。

②手首の曲げ・反らせの課題：掌を開いたままで手首を内側に曲げる、次いで外側に反らせる動作課題です。

③肘の曲げ・伸ばしの課題：まずからだを仰臥位の姿勢にして、腕を真っ直ぐに伸ばしておきます。それから手首に曲げや反りの過度緊張が出ないように手首を持って補助しながら、同時に肩にも過度緊張が入らないように気をつけながら肘を曲げるよう求め、肘が十分に伸びたら、肘を曲げるように求める課題です。

④腕上げの課題：からだを仰臥位の姿勢にして、腕を真っ直ぐに伸ばしておきます。それから、肘を曲げないで真っ直ぐにしたまま腕を頭のほうに挙げていくように求めます。その時には手首が曲がったり反れたりしないように手首を補助し、また肘が曲がらないように肘をしっかりと保持しておきます。

⑤脚の曲げ伸ばしの課題：はじめに仰臥位で脚を伸ばした姿勢にします。そして膝を曲げるように求めます。膝を曲げようとする時に足首が突っ張るような過度の緊張が入ることが多いので突っ張りが出ないように足首を保持します。

目的動作の訓練課題

部屋の中を歩く、文字を書く、言葉を話すなどの動作は、日常生活のうえで具体的で自分にとって意味のある目的とする行動に必要な動作であるから「目的動作」と呼びます。私たちが行う動作は、多くの場合、この目的動作です。しかし、脳性まひ者ではこの目的動作に至るには多くの段階を経ないと難しいのです。例えば、歩くためには、単に立てればいいのではなく、片足に重心を移して、その反対側の脚を上げて、瞬間でも片足で立っていることができなければ、歩けたことにはなりません。また、文字を書くためには、筆記用具を持てて、握れなければなりません。それから縦、横そして円などの線が引けないと文字にはなりません。このように歩く、文字を書くなどの目的動作に至る前に、片足に重心を載せる、鉛筆を持てる、鉛筆を持って線を引けるなどという「目的動作」を習得しなければなりません。これは先に述べた「単位動作」ができれば「目的動作」ができる（成瀬、一九六八）というものではなく、「目的動作」これ自体を取得しなければ目的動作に至ることが難しいのです。

そこで、目的動作である歩行における主な目的動作の訓練課題を、一例としてあげてみます。

①一人立ち：約10秒の一人立ち。
②踵上げ・踏み課題：つま先をつけたままで踵を上げる、そして踏むことを交互に行う課題。
③足踏み課題：片脚を上げ（片足立ち）、2～3秒保持して下ろす課題。そして、交互の脚上げ（片足立ち）、2～3秒保持して下ろす課題。その場での足踏み課題となる。
④歩行課題：足踏みをしながら小幅で前進する課題。

タテ系の訓練課題

脳性まひ児・者の動作改善を主な目的とした訓練課題は、これまで述べてきたように、リラクセイション訓練課題、単位動作訓練課題、目的動作訓練課題を中心として行われてきました。ところが、これらとは異なる新たなる発想と視点から「タテ系」訓練課題が導入されるようになりました。

タテ系課題の特徴、およびその訓練の意義については、以下のようなことがあると考えられています。

第一に、タテ系動作課題は、私たちが重力に対応し、地面や床に対して縦の姿勢をつくるというものです。それは、からだを床や地面に横たえているという受け身的な姿勢と異なり、極めて能動的な姿勢であり、主動感を強く感じることができます。

第二に、タテの姿勢は、床などにからだを横たえていることとは異なり、からだを立てているので、視野が広がるとともに周囲のもの（外界）の見え方が変わってきます。

第三に、重力に対応したタテの力が実感できることにより、自分のからだが確実に実感できて、いわば自己のからだ感をもつことができます。

続いて、タテ系訓練課題の遂行手順を列挙します。

①タテの姿勢づくり（「直」の姿勢づくり）：坐位、膝立ち、立位、それぞれの姿勢において腰、背中、肩、首が床に鉛直に一直線になるように姿勢を整えます。

②踏みしめ・「軸」づくり：直の姿勢づくりに伴う腰や膝の過度緊張を弛め（節づくりと呼ぶことがある）、尻または足の裏で床を踏みしめるようにします。この時に頭の先から尻まで（坐位姿勢）あるいは頭から足までが真っ直ぐになっている実感がもてた時にからだの「軸」ができたという表現をします。

また、タテ系課題で援助する姿勢の詳細は、左記の通りです。

①坐位課題：あぐら坐をとり、腰を立て、背中、首を真っ直ぐにし、前記の「直」の姿勢づくり、踏みしめ・「軸」づくりをします。

②膝立ち課題（片膝立ち課題）：膝立ちの姿勢をとり、脚と腰、背中、首、頭が床に鉛直になるように「直」をつくり、そして踏みしめ・「軸」つくりをします。

③立位課題：立位の姿勢をとり、足裏全体が床につくようにし、膝と腰、背中、首、頭が床に鉛直になるように「直」をつくり、そして踏みしめ・「軸」つくりをします。

④歩行課題：片足にしっかりと体重を移し、他方の足を軽く上げ、体重を移したほうの足で真っ直ぐに立つようにします。これを左右の足で交互に繰り返します。

臨床動作法の利点と留意点

このように、臨床動作法の援助者は、言葉やからだを用いて動作課題を通して動作者のこころの活動に働きかけます。また、動作者は、援助者に対してその課題動作の遂行を通して対応します。動作によるコミュニケーションは、動作者への援助的関わりが主として動作であるため、言葉だけよりも動作者が何をすればよいかが分かりやすく、また、援助者にとっても、課題が動作であるため動作者の「こころとからだ」の状態が分かりやすいという利点があります。さらに、動作法の援助者は動作者の課題遂行を直接的に援助できます。

他方で、臨床動作法は直接に動作者のからだ（身体）に触れて援助することが多いため、援助者は身体に

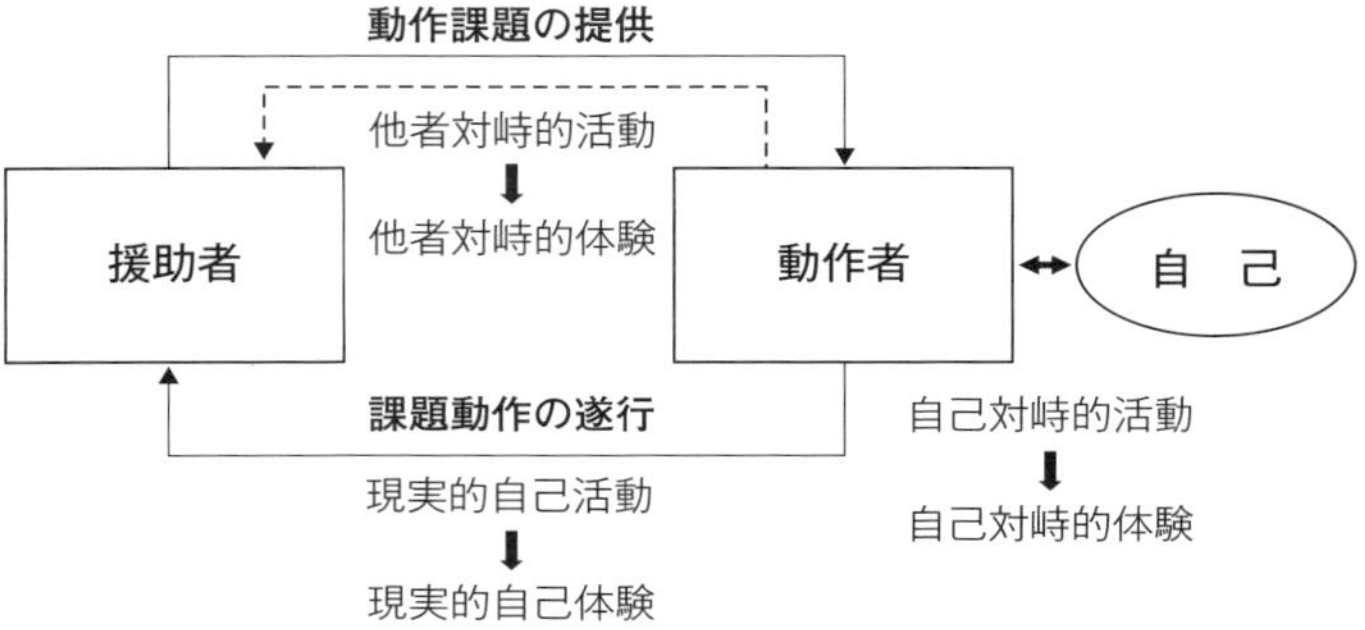

図２　臨床動作法のプロセス

触れることへの様々な配慮すべきことを心に留めなければなりません。

臨床動作法がたどる基本的な臨床的プロセス

本書の「臨床動作法を実践する」の部で、さまざまな援助対象ごとに詳述されていますが、動作法のプロセスは、基本的には以下のような進展をたどります。

まず、援助者から動作者に動作課題の提供が行われます。この課題の提供は、言葉だけで行われることもありますが、課題が分からない場合には動作者のからだに触れて実際の動きを通して行われます。

次に、「他者対峙的活動」がなされます。ここではまず、動作者は、援助者に関心を向けるかどうかが問題となります。向けることができたら、援助者がどんな人か、どんなことをさせる人かなどを関心をもって受け入れ、さらには援助者から提供される課題を受け入れるように促す活動が行われます。そうしてこの活動に伴う「他者対峙的体験」をもちます。

そして「自己対峙的活動」の段階に移ります。動作者は、課題を受け入れれば、その課題を遂行するために自分自身と向き合い、自己を調整しながら課題の遂行に向けた努力が行われます。この自分自身と向き合い自己調整の過程に伴う体験を「自己対峙的体験」と呼びます。

最後に、「現実的自己活動」の段階です。動作者は、自己対峙的活動を通して課題動作を遂行することは、「今、ここでの」現実的な自分を表現するわけですから「現実的自己活動」が行われ、それに伴う「現実的自己体験」をもつことができます。

このようなプロセス（図２）を通して、動作者は少しずつ新たなる活動を行い、それに伴う体験をもてるようになります。

動作法の適用による心理的効果の例

動作法の実践により、どのような心理的効果が期待されるのでしょうか。「自閉性障害」の動作者と「ＡＤＨＤ」の動作者を一例にとり、手短に紹介します。

［自閉性障害をもつ動作者への動作法適用の効果］

①動作法場面の特徴が自閉性障害をもつ子どもに及ぼす主な効果

自閉性障害児は他者との一対一の関係をもつことに困難さをもっています。特に、言葉で他者とやり取りすることは難しいのですが、動作法ではからだの動きを通した一対一でのやり取りが中心となるような対人場面であり、言葉に頼った関係形成よりもお互いの実感をもったやり取りができるので関係形成が確実になってきます。動作法では上で述べたようにからだの動き（動作）を通したコミュニケーション過程であるので、子どもが与えられている課題が何であるかが言葉よりも分かりやすく、援助者も課題を明確に伝えることができます。そして、動作法の課題は援助者によって動作で伝えられ、子どもがその課題を動作で行うので援助者と子どもが共に同じ課題を行っているという共有感をもちやすく、共に同じ課題に向かい合っているという共通課題化ができるといえます。

②動作が課題であることによる主な効果

動作課題を遂行することを通して、子どもが気持ちを自分自身のからだの動きやからだに向けることによって、自分自身の在り方に気づくことができます。また、動かされているという受動的な構えや何となく動いている自動的な構えから、自分が意識して援助者に応じて動かしている、主動感のある主体的な構えが形成されてきます。そして動作課題の遂行を通して、自分自身の気持ちに向き合い、自分自身をコントロールするという「自己制御（コントロール）感」をもてるようになり、自分が動作法をしているという現実的な自己意識化につながっていきます。

[ADHDをもつ動作者への動作法適用の効果]

①動作法場面の特徴がADHDをもつ動作者に及ぼす主な効果

ADHDの子どもは一人の人や一つの物事に集中力を持続することが難しいですが、からだを通した一対一の対人場面での動作法場面では、援助者である他者に対して注意を向けながら課題を遂行するので、他者に対する注意の集中が持続するようになってきます。同時に、動作課題の遂行においては、自分のからだに注意を向け、自分のからだの状態に気づいたり、また動作遂行時の自分のからだの楽な感じ、あるいはイヤな感じ、イライラした感じなど自分の気持ちにも気づくようになります。このように自分のからだや自分の気持ちなどへの気づきと注意が向き、その注意が持続するようになっていきます。

②動作が課題であることによる主な効果

課題が動作であることは、自分のからだやからだの動きという実感ができる体験となるので、注意を自分自身に向けることになり、自分にとって直接的で現実的な体験となります。同時に、動作課題を提供する援助者は、子どもに適切な動作を行うよう求めるに際して、からだを通して働きかけるので、子どもにとって直接的な働きかけとなり、子どもは援助者に持続的に注意を向けながらの課題遂行となります。すなわち、子どもは他者である援助者に対して注意が持続するようになっていきます。

そして前述したように、動作課題の遂行の過程では、自分のからだの状態や自分の気持ちにも気づきやすくなります。そこで、課題動作の遂行の中でイライラした気持ちをコントロールしたり、リラックスした感じや心地良さを実感したりというように、自分の「情動体験」の気づきと、自分をコントロールできる体験をもつことができます。

おわりに

動作法を臨床的に、特に心理療法として用いる場合には「動作療法」と呼ぶことが多くなっています。しかし、動作療法も動作訓練と異なるものではなく、より広い概念としては臨床動作法という用語が用いられています。この動作訓練の課題は、これまで述べてきたように、動作者が自分のからだの緊張に焦点を当ててその緊張をリラックスできるように援助する「リラクセイション課題」と、動作者が無意識的あるいは意識的な意図に基づき、その意図の通りにからだを動せるように援助するという「動作課題」に分けることができます。それぞれにいくつかの課題があり、その主なものは紹介しましたが、これら以外にも多様なリラクセイション課題と動作課題があります。その課題内容や実際は、臨床動作法に関わる研修会などで研修す

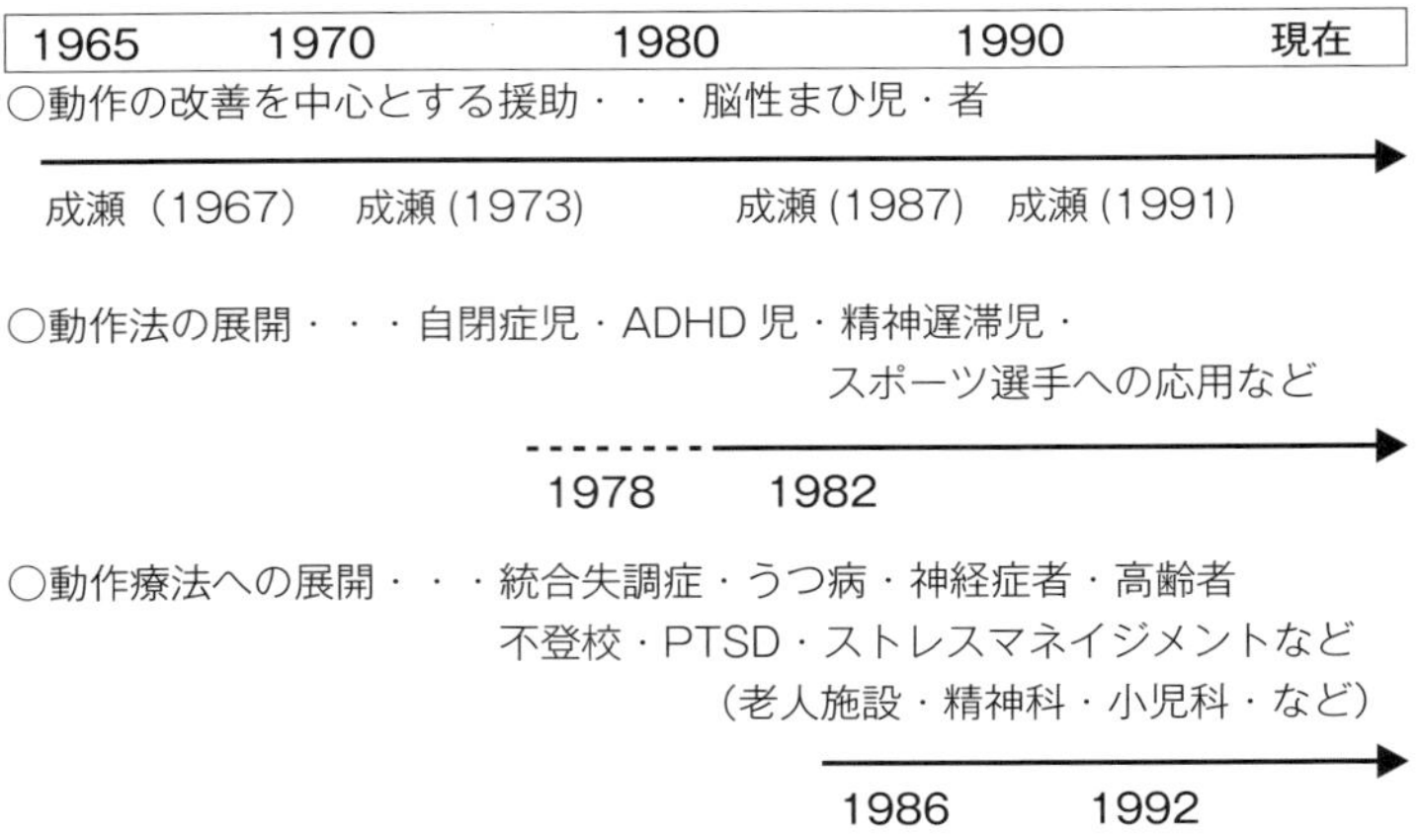

図３　動作法の適用の流れ

ることが不可欠です。

最後に、動作法の適用の流れについて、これまで解説してきたことをふり返りつつ、まとめることにします（図3）。

まず、脳性まひ児・者など動作不自由をもつ人たちの動作の改善を目的としての適用がもともとの始まりでした。その後、自閉症など発達障碍や精神遅滞などの子どもなどに適用し、対人接触・対人関係や場面適応など行動の自己制御をねらいとしました。これは現在では適用の代表的な一つとなり、学校教育の場や障害児の療育の場でも適用されています。さらに、心理臨床の場では心理療法として動作法が適用され「動作療法」として展開しています。これは、統合失調症、うつ病、神経症など精神科病院などで適用されるだけでなく、心療内科、小児科などの医療の場でも臨床心理士など心理の専門家によって臨床的に適用されています。また地域での高齢者の健康のための実践、学校や職場でのストレスマネイジメントの方法の一つとして適用されています。詳しくは、続く「臨床動作法を実践する」の各論をご参照ください。

動作法は、動作課題の遂行を通して私たちがより良い方向への新たなる体験がもてるように援助する方法なので、このように多様な人たちへの適用が展開されています。

文献

小林茂（一九六六）「脳性まひ者への催眠法による心理療法」成瀬悟策（編）『教育催眠学』誠信書房
成瀬悟策（一九六七ａ）脳性マヒ者の心理学的リハビリテイションⅠ　弛緩行動について『九州大学教育学部紀要　一一巻二号』
成瀬悟策（一九六七ｂ）脳性マヒ者の心理学的リハビリテイションⅡ　単位動作の習得『九州大学教育学部紀要　一二巻一号』
成瀬悟策（一九六八）脳性マヒ者の心理学的リハビリテイションⅢ　基本的動作型の評価と訓練『九州大学教育学部紀要　一三巻二号』
成瀬悟策（一九七一）脳性マヒ者の心理学的リハビリテイションⅦ　動作不自由の理論的考察『九州大学教育学部紀要　一五巻二号』
成瀬悟策（一九七三）『心理リハビリテイション：脳性マヒ児の動作と訓練』誠信書房

臨床動作法を実践する

実践1
発達障害児への臨床動作法

井上久美子

援助対象と実践方法

発達障害児への動作法における「コミュニケーション」の視点

「援助者と掌を合わせながら一緒に腕を上げていくうちに、腕にがちっと入れた緊張が少しずつ弛み、援助者の目をじっと見るようになる。腕を上げ終えると腕全体の力がふわっと抜け、穏やかな表情で微笑みかけてくれる」――これはある自閉症の男の子との腕上げ動作課題の一場面です。一つの動作の中でも、子どもが援助者の意図を感じとって自分の動作をコントロールし、やり遂げた達成感を伝えてくれている努力過程が伝わります。

発達障害について杉山（二〇〇七）は「子どもの発達の途上において、なんらかの理由により、発達の特定の領域に、社会的な適応上の問題を引き起こす可能性がある凹凸を生じたもの」と説明しています。特に発達障害児が抱える生活上の不具合として、社会性の問題が挙げられます。相手の意図の理解に困難さを抱えがちな発達障害児にとって、周りの人とどう意思伝達を図っていくかは重要な課題となります。

これまで、発達障害児に対して動作法を適用した事例は数多く報告されています。自閉傾向を伴う重度知的障害児が、動作課題の遂行を通して自傷行為が減少し、コミュニケーション能力が向上した事例（古賀・中田、二〇〇三）、発語がほとんどなく、視線が合いにくい自閉症児が、腕上げなどの課題を通して、アイコンタクトをとり、言葉を発するようになるなどの変化がみられた事例（森崎、二〇〇二）など、動作課題への取り組み方が変化していくに伴い、子どもたちの他者とのコミュニケーションの取り方に変化がみられるようになった事例が報告されています。なぜ、動作課題の遂行に伴い、発達障害をもつ子どもたちの他者とのコミュニケーションの取り方に変化がみられるようになるのでしょうか。それは、動作法が「動作を媒介とする対人的な意思伝達（コミュニケーション）の過程」（針塚、二〇〇二）であるという特徴をもつことが挙げられます。動作法は「働きかける媒介となるものが動作であるために障害児とのコミュニケーションの手段として言語より直接的であり、障害児にとって明確であり、分かりやすい」（針塚、二〇〇二）とされています。相手の意図を感じとることが難しいとされる発達障害児にとって、援助者から求められるからだの動きが明確であるため、子どもたちにとって「今、相手から何を求められているか」という援助者の意図が理解されやすく、子どもたちも自らの動作を通して援助者の意図に応えることができます。そして、両者にとって「今、この瞬間にお互いに通じあった」という達成感が経験されやすいわけです。子どもたちには動作課題の遂行過程において、動作に伴って自分の中に起こるさまざまな感情や考えを適度に制御しながら、援助者が求める課題を受けとめ、その目標となる動作を実現化していくという、「自分自身」と「他者」とに向き合う過程が展開されていきます。

発達障害児にとっての「リラクセイション体験」と「動作コントロール体験」の意味

ここで発達障害児にみられる動作の特徴を考えてみます。発達障害児に動作課題を導入した時に、援助者が感じることとして、動作課題や援助者の働きかけを子どもたちに受け入れてもらうことの難しさが挙げられるのではないでしょうか。援助者が、何か特定の動作課題を子どもたちにしてもらおうと形から入ろうとすると、子どもたちに拒まれてしまうことがよくあります。ある自閉症の男の子との動作場面で、彼が表情険しく、過度に緊張した様子であったので、躯幹のひねり課題を導入し力を抜いてもらおうと、援助者があぐら坐で坐っている彼の肩と腰に軽く手を添えて、横になってもらおうとしますが、彼は不安そうな表情でこちらを見て、何度もガバッと上体を起こしてしまい、なかなか課題をうまく伝えられない経験がありました。そこで、あぐら坐で、腕回りの力を抜く課題や、背そらせ課題を通して背中回りの力を抜いてもらい、その後、躯幹のひねり課題に誘導すると、彼はすんなりと課題を受け入れてくれました。課題の形に拘るのではなく、援助者と向き合っている目の前の子どもが、今どのような気持ちで居るのか、どのようなからだの姿勢や動きをとっていて、どのように関われば課題を受け入れてもらいやすいかを常に工夫して関わる姿勢が必要になります。

また、課題に応じてくれるように援助できたとしても、子どもたちの中には、動作課題に対してパターン化した動きで応じるという受動的な対応がみられ、援助者にとって課題を展開しにくいと感じることも、援助者が受ける難しさとして挙げられるのではないかと思われます。ある自閉症の男の子との腕上げ課題において、課題には応じてくれるものの、腕をビュンと上げていき、上げ終わると、すぐに腕を下ろして課題を終わろうとするというパターン化した応じ方で、ゆっくりとした動作を目指すという援助意図を伝えることがなかなか難しかった経験がありました。このような、彼らの動作上にみられる課題遂行の難しさの背景の一つとして、彼らが自分の中で起こるさまざまな身体感覚や情動体験に気づき、じっくりと味わうことが難しいというあり方が考えられます。今野（二〇一四）は、自閉症児が感情や内部感覚といった心身の状態への気づき（自己モニター）が困難であることを指摘しています。援助者として、このような心身の状態への気づきづらさを感じとりながら、子どもたちのからだの動かし方を理解していく姿勢が必要になると思われます。また、山本（二〇〇二）は自閉症児の動作の特徴として、からだの硬さを挙げ、「身体を他動的に動かしてみると、あちこちに筋緊張が多い」と述べています。一見したところでは気づかれにくいのですが、自閉症児に限らず発達障害の子どもたちにからだを動かしてもらうと、がちっとしたからだの硬さに気づくことがあります。こうしたからだの硬さは、子どもたちが日常生活で他者と付き合っていくための守りや心構えを連想させるときもあります。しかしながら、いつもからだに力を入れているようなあり方では、彼らが日常生活の中で心身のエネルギーを使い疲れてしまう状況も考えられます。したがって、発達障害児にとって、「からだの力が抜ける」、「からだの力を抜いて相手に身を任せる」といったリラクセイション体験は、日常生活でのからだの動かしやすさや周りに対して自分自身を預ける安心感の育みといった体験にもつながっていくと思われます。

さらに、自閉症児が自分のからだをうまく感じとったり動かしたりすることが困難である（今野、一九九〇）、ADHD児との動作過程で注意を向ける箇所の特有さがみられる（竹下・大野、二〇〇二）、多動児や学習障害児に動作の遂行過程における注意のコントロールや衝動のコントロールの不十分さがみられる（今野、一九九〇）といった、動作コントロールの難しさも特徴として挙げられます。動作課題を遂行する中で自分の中に起こるさまざまな感情を制御しながら目標となる動作を実現していくという動作コントロールの過程は、日常場面における自己コントロールの力を育む体験へとつながっていくと思われます。

援助者はこのような共通性をある程度理解しつつ関わっていきますが、実際には動作の特徴やからだの姿勢は一人ひとり大きく異なります。したがって、子どもに実際に触れ、どこにからだの硬さや動作コントロールの難しさがみられるかを随時見立てながら、より良い動作体験を目指していくことになります。

発達障害児の「動作」から「体験（感じ）」をみる視点

発達障害児との動作場面においては、動作を通して「今、ここで」経験しているさまざまな感じをみる視点も重要です。鶴（二〇〇七）は、クライエントにとって課題達成場面のものである動作体験では、日常生活における体験様式のすべてが現れると説明していますが、発達障害児が日常生活で抱える、特に対人場面にみられる難しさが動作場面において援助者との間で表現されてきます。例えば、ある自閉症の女の子との動作場面で、背そらせ課題をしていると、少し背中を援助者に預けてはすぐに姿勢を戻すといった反応を繰り返し示すことがありました。そのような彼女の応じ方を感じとる時、「今、援助者に緊張しているのかな」、「力を抜こうか迷っているのかな」など、彼女の「不安感」や「戸惑い感」といった体験（感じ）を推測していきます。つまり、課題が「できた－できない」という遂行結果ではなく、その体験がどのように変容していくかという体験の過程を共有しようとする視点が重要になります。

■事　例
――対人場面での不適応感をもつＡＤＨＤ男児の動作面接過程

概　要

ここで動作法を適用した発達障害児の事例について紹介しながら、その支援のあり方を考えます。

Ａくんは小学校高学年です。「ＡＤＨＤ」と診断され、当時、「アスペルガー障害疑い」という診断もされていました。保護者面接では、些細なことでカーッとなる、友だちへの関わり方が一方的になったり、逆に意見を極端に引っ込めて何も言えなくなったりするという対人場面での困難さが語られました。

（以下、各章の事例で共通して、援助者の発言を〈　〉、動作者の発言を「　」で表します）

［動作アセスメント］

Ａくんにあぐら坐位で肩を上げてもらうと、腕に過剰に力を入れて肘を曲げながらしゅっと肩を上げていました。援助者が肩に手を添えて、肩だけを動かすように伝えますが、肩と背中を曲げて、腕全体に力を入れて応じていました。課題が難しくなると、「もう終わろう」と課題を終えようとし、じっくりと課題に取り組むことが難しいようでした。仰臥位での腕上げ課題では、援助者の〈一定の速さで〉という言葉を意識しすぎたのか、動かす腕に過剰に力を入れ、その結果、途中で動きが完全に止まってしまいました。

[援助仮説]

Aくんの、気持ちを一気に表出してしまうか、逆に抑制してしまうかという対人関係の応じ方は、援助者から要請された課題に、すばやい動きで応じてしまうか、逆に意識してからだの動きが止まってしまうかという極端な動作の応じ方と重なるように思われました。日常生活で友だちとの間で自分の気持ちを適度に表現することの難しさが、動作場面における動作コントロールの難しさ、動作に伴うさまざまな感じへの気づきにくさとつながっているように理解されました。そこで、①ゆっくりとした動作の中で動作に伴って起こるさまざまな感じに気づいていくこと、②衝動的な面に対して、唐突に動き出したくなる状態や気持ちに気づき、それを自分で動作を通して制御できる体験を目指すことにしました。

経過

[第Ⅰ期　動作・からだの感じへの注意を促した時期（第一回〜第五回）]

肩の上げ下げ課題では、背中を反らせながら肩をがんばって上げようとしていました。ゆっくりと一定の速さで動かすように伝えると、ゆっくりと肩を上げることができるようになりましたが、下げる時はカクカクと急いで下げていました。肩を下げた後は、Aくんの肩に手を置いて、しばらく肩の感じを味わってもらおうとしますが、動作と関係のない話をするなど課題から注意が反れがちでした。Aくんの膝裏にはぴーんとした硬さがみられたため、第四回目には長坐位での膝裏を伸ばす課題を行いました。Aくんの背中と腰に手を当ててAくんの動きに合わせて軽く上体を前に倒し、膝裏の硬いところまで倒すと、すぐに「分からん」と言ってびゅんと姿勢を戻してしまい、課題を続けることが難しい様子でした。第五回目には肩の上げ下げ課題後に「最近、人の話を聞いていても聞いていないようになる」と語り、動作に向き合う中で自分の普段のあり方を重ねて理解する発言が聞かれるようになりました。そこで、援助者より〈Aくんお得意の肩上げとかする中でからだとこころがつながってくるかも〉と伝えると、Aくんは頷き、援助者の言葉が何となく伝わったように感じました。

［第Ⅱ期　動作・からだの感じを明確にしていった時期（第六回〜第一五回）］

第八回では肩の上げ下げ課題を行い、Aくんは肩を真っ直ぐに上げようとしますが、いざ上げようとすると途中から肩を内側に動かしてしまいました。そこで、援助者がAくんの肩に手を添えて、内側に入りそうになる動きを止めて援助を行いますが、Aくんは援助者の援助により、思うように動かせないことに焦った様子で、援助を無視して何度も肩を動かそうとしました。そのため、ますます肩を内側に動かし、「難しい、眉間がじんじんする」と言って床に寝転がってしまいました。

第九回では長坐位で膝裏を伸ばす課題において、Aくんはカチッと動きが止まるところですぐに姿勢を戻すのではなく、少し痛い感じがするところで動きを止めて待つようになりました。そこで援助者がAくんの背中と腰に添える手の力をそれ以上加えずに、Aくんの動きを待つと、「ふぅ」と息を吐きながら膝裏を弛めていました。しかし、そこからさらに上体を前に倒そうとすると、急いで動かしてしまい「痛い」と言って上体を急に戻してしまいました。

第一〇回より、しっかりと踏みしめて立つ体験を促す課題として、立位での重心移動、片足立ち課題を導入しました。Aくんの立ち方は腰を引き、膝裏を反張させて踵で踏んでいました。足裏のどこで踏んでいるかを尋ねると、足元を見て答え、足裏の感じを実感して確かめることは難しい様子でした。

第一三回では、片足立ち課題に取り組む中で、右側に重心を移動し、左足を上げる時、肩から動かしてしまい腰から下半身に力が入らず、軸足の膝裏をぴーんと反張させたまま立ち、上げた左足をグラグラとさせて、「お〜っと」と大げさに全身のバランスを崩してしまいました。そこで援助者が、肩と腰に軽く手を添えながら重心を移動するよう援助し、Aくんに肩、腰、膝裏と各部位の力を順に抜くように援助しますが、援助者の要請にイライラした表情をして、援助者の援助に反発する動きを示していました。課題中に、「今、少し動き出したくなる感じがした」と話し、課題中の衝動的な感じに気づいた発言がみられました。

日常生活についてAくんは「動き出したいと思うことが減った」と嬉しそうに報告してくれました。それは動作場面でAくんのゼロか一かの極端な力の抜き方が減ってきたという援助者の印象と一致するように思われました。

［第Ⅲ期　動作の中で自ら工夫する動きが出てきた時期（第一六回〜第二四回）］

第一六回では長坐位で膝裏を伸ばす課題において、援助者がAくんの背中を押そうとすると「先生、押さないで」と援助者に対して初めて要求をしました。そしてAくん自身「ここだとまだ大丈夫」と言いながら自分で上体を倒していきました。前のように極端に姿勢を戻すことはなく、息を吐きながら膝裏の緊張を少しずつ抜こうとする様子がみられました。「膝の裏の痛い感じを渦巻に描いて集めて、息を吐きながら全部一気に吐き出す」と述べ、Aくんの独特なイメージを用いた言語表現が聞かれました。しかし、それは動作体験の実感と少し離れる内容であると援助者には感じられました。第一六回以降、援助の力が強いなど、援助者の援助についてAくんが意見を述べる回が続きました。

第二二回の立位での重心移動の課題では、右足に重心を移動する際に、Aくんが腰を引き膝裏を反張させようとしたので、援助者はその動きを止めようと援助すると、Aくんは苛立った様子になり、援助とAくんの動きが合わず上体のバランスを崩してしまいました。その援助の不一致に「先生離して、ここはこうでしょ」と苛立ちを言葉で表現していました。Aくんの主体的な動作の工夫がみられてきた一方で、援助者がAくんの動きを止めて違った動きを要請すると、Aくんが苛立ち、それを援助者に言葉で表現する回が続きました。

日常生活では、学校で周りから自分のことを分かってもらえないというつらい報告が続きました。学校でのきつさを援助者に語るのは初めてのことでした。母親からもAくんが家族に不満をぶつけてくるという話が聞かれるなど、相手の意図とのズレに伴うこころの葛藤が動作法場面でも再現されているように思われました。

［第Ⅳ期　動作コントロールの確実化を促した時期（第二五回〜第三四回）］

援助者はAくんとどこを弛めているかを動作と言葉でお互いに確認しながら進めるようにしました。第二六回では、背そらせ課題の中で、援助者はAくんの肩と腰に手を添えて、当てている脛でAくんの背中の硬いところを探し、〈ここが硬いようだけど〉と伝えると、「そうだね、そこ少し硬い」と述べ、二人で一緒に弛める部位を確認しました。弛める部位を決めて、〈じゃぁ力を抜いていってね〉と伝えると、Aくんは時折目を閉じ援助者の当てている脛に背中を当てて確認しながら、背中の緊張を抜いているのが伝わってきました。「気持ちがいい」と目を閉じて味わうなど、Aくんが自分の動作を実感できるようになったと感じました。弛めた背中の部位をAくんに動かしてもらい、確認してもらうと、「あ？　分かりやすい、ここは動かしやすい」と自分の弛んだ背中の感覚をはっきりと味わっている様子でした。援助者の援助にも「今日は、先生と合っていた」と述べ、動作後には「一度肩に力を入れて抜くようにした」など、以前のようなAくん独特のイメージを用いた言語表現も聞かれなくなり、動作体験の実感に伴う表現をするようになりました。

第三四回では、立位での重心の移動もスムーズになり、援助者がほとんど援助をしなくても、膝裏や腰の引けといった一つひとつの部位を自分でコントロールしながら、安定して立てるようになりました。「ポイントが分かったぞ、一カ所だけじゃなくて全体に注意を向けながら力を抜けるようになった」と述べ、自分の動作を確信しているようでした。片足で立っても上体がぶれず、しっかりと安定して立つことができていました。

日常生活では、学校生活を嬉しそうに語るようになり、他児との葛藤場面でも言葉で落ち着いて相手に伝えるなど、友だちへの適度な表現の仕方が分かってきたようでした。家でも疲れたら一人でからだを弛めるなど、うまく自分をコントロールできるようになった様子がうかがわれました。

援助をふり返って

動作面接過程では、動作者が日常生活において体験しているであろうさまざまな「感じ」が再現されます。Aくんは日常生活において、特に他者と向き合う場面において自分の感情を表現したり言葉で伝えることに難しさを抱えており、感情を他者に表現することを極端に我慢したり、その一方で周りから理解されない「不安感」や「焦燥感」、「苛立ち」を攻撃的な形で一気に表現してしまうなど、他者との向き合い方に難しさを抱えていました。このようなAくんのあり方の背景には、Aくんがそのような内的な「感じ」をじっくりと味わったり、それをコントロールすることの難しさがあるように見受けられました。そして、動作課題を遂行していく中でも、Aくんが普段、他者と向き合う場面において感じられるところの「焦燥感」や「不安感」、「苛立ち」といったさまざまな情動が体験されていたようでした。そこで、Aくんが動作課題を遂行する過程において、そのような内的な感じをじっくりと味わい、それを自己制御しながら、「ゆっくり」とした動作や、「弛緩感」「安心感」の体験をもち、相手と協力し課題解決を実現する体験過程が、Aくんの日常の対人場面での向き合い方の改善につながると推測されました。

Aくんは、動作課題を遂行するにつれ、外に向きがちだった注意を自分のからだの感じや動作といった内面に向け、少しずつ動作コントロールを実現していきました。Aくんは最初、課題途中に立ち上がったり、動作と関係のない話を始めたりと自分の内的状態に一貫して注意を向けることが難しい様子でした。そこで、援助者は、Aくんにとって明確に感じられるような身体感覚への注意を促すようにしました。例えばAくんは膝裏に硬さがあったので、長坐で膝裏を伸ばす課題を通して、膝裏の硬さを味わってもらい、そこから力を抜くように援助しました。しかし、竹下・大野（二〇〇二）が指摘するように、「痛い」という感覚に過敏に反応し、「弛緩感」のような身体感覚の肯定感に意識を向けることは難しい様子がみられました。そこで、Aくんにとって少し痛いと感じられるところで動きを止めてもらい、そこから工夫して力が抜けるまで待つというようにゆっくりとした動作制御を促すようにしました。すると、Aくんは少し上体を倒して息を吐きながら力を抜くなど、自己弛緩ができるようになっていきました。

また、Aくんのように注意が転導しやすい動作者にとって、立位課題のような動作コントロールに挑む体験は重要であったように思われます。立位課題は、上体、腰、膝裏、足裏など全身にくまなく注意を向けながら、からだの力を入れたり抜いたりという適度な弛緩と緊張を要する課題です。Aくんも最初は、腰から下半身に力が入らず、大げさにバランスを崩し、援助者から一つひとつの部位の力を抜くように伝えても、苛立った様子を示し、課題にうまく取り組めませんでした。しかし、今、どこに注意を向けてコントロールするか一つひとつの動作を確かめるように援助を行う中で、Aくんは膝裏の緊張を弛め、腰が引けないように自己調整しながら安定して立つことができるようになっていきました。注意をコントロールしながらバランスをとっていく立位課題は、注意のコントロールが難しい子どもにとって、自分の苦手さに挑戦する課題でもあり、それゆえに達成感につながる課題へとなるのではないかと考えられます。ただし、その過程においては、援助者の意図とのズレに伴う「苛立ち」を表現することもありました。そこで動作課題の中でお互いのズレを埋めていく努力をしました。その結果、Aくんと援助者との間で「達成感」を共有でき、日常においても相手に合わせた自己表現を調整できるようになっていきました。日常生活でのさまざまな困難場面への解決を支えるためには、言語でその問題について話し合うよりも、動作という一定の課題の中で自分をコントロールしていく過程が重要であったように思います。

このように発達障害児との動作面接過程において、動作者の課題解決のあり方、すなわち援助者からの課題を受け取り、その中で自分のからだをどのように動かし調整していくか、それに伴い体験されるさまざまな「感じ」の変容体験は、日常生活における課題解決のあり方や他者との向き合い方とつながって表現されていきます。その時、援助者は動作者がそれまでの経験の中で培ってきた彼らの努力の仕方をまずは理解していく必要があります。動作者がからだを緊張させながらも必死に課題を受けとめ応じているその努力体験を認め、その動作者の培ってきた応じ方で課題達成を促しながら、少しずつ援助者の援助意図を伝えていき、動作者が普段意識を向けにくいような自らのからだの感じや動作への注意を促し、そこでからだの力を抜く感じを味わったり、動作をコントロールする体験を実現化していくことが重要であるように思われます。

以前、筆者が担当した自閉症児のBくんとの動作面接過程で、Bくんが掌にぐっしょりと汗をかきながらも、腕上げ課題に懸命に取り組んでいてくれたにも関わらず、援助者としてはBくんが速く腕を上げ、下げることで課題を終えようとする取り組み方にばかり気をとられてしまい、何とか課題を展開しなくてはと焦って、膝立ち課題を無理に導入したことがありました。しかも、Bくんのお腹をぽんと前に突き出すように腰を前に動かす応じ方に対して、〈違う、こうだよ〉とBくんのお腹を後ろに引いて腰を入れるように他動的に動かしてしまい、その結果、Bくんは援助者の手を払いのけ、援助者の頬をつねり、怒りを表しました。Bくんなりに課題に懸命に応じようとしていた努力の過程を援助者が理解せず、一方的に援助者の意図ばかりを伝えようとしていたのです。しかも、Bくんに体験してもらいたい援助意図も曖昧であり、Bくんをさらに混乱させていたように思いました。その後、援助を仕切り直し、Bくんのいつもの動かし方にまずは合わせていき、Bくんの努力の仕方で課題を遂行していく過程において、少しずつ援助者の援助意図を伝え、からだへの意識化を促すようにしました。すると、Bくんの課題への応じ方は明らかに変わっていきました。

このように、発達障害児との動作場面では、子どもたちのそれまでに培ってきた努力の仕方を感じとりながら、そのうえで、今、どのような動きを求められているのかが子どもたちに明確に分かるような援助をすることが重要だと思われます。そして、動作課題が少しでも達成できたら〈そうそう！〉〈それで大丈夫〉とポジティブなフィードバックを伝えることも大切であると思われます。子どもたちにとって、少しでも安心して課題に取り組んでもらえるような援助者の工夫が常に求められます。発達障害の子どもたちが動作課題を通して援助者と向き合い、時に葛藤を体験しながらも、そこから動作の実現に向けて努力し、力を抜く気持ち良さや課題をやり遂げた達成感を援助者と共有していく一連の体験は、発達障害児との動作法において重要な体験となると考えられます。そこでは動作が「できた－できない」といった「形」ではなく、子どもの「こころの動き」を理解しようとする援助者の態度が求められるように思われます。

文献

針塚進（二〇〇二）「障害児指導における動作法の意義」成瀬悟策（編）『障害動作法』学苑社
井上久美子（二〇〇七）対人場面における不適応を示すADHD男児に対する自己制御感を目指した動作面接過程『リハビリテイション心理学研究　三四巻』四七～五七頁
井上久美子・古賀聡（二〇〇四）動作法場面に見られる自閉症児の抵抗行動の理解と援助のあり方に関する一考察『発達臨床心理研究　一〇巻』一～一二頁
古賀精治・中田直宏（二〇〇三）自閉傾向をともなう重度知的障害児の自傷行動の機能に及ぼす動作法の効果『リハビリテイション心理学研究　三一巻』二七～四〇頁
今野義孝（一九九〇）『障害児の発達を促す動作法』学苑社
今野義孝（二〇一四）不安を訴える自閉症スペクトラム児への動作法面接『自閉症スペクトラム研究　一二巻』五～一七頁
森崎博志（二〇〇二）自閉症児におけるコミュニケーション行動の発達的変化と動作法『リハビリテイション心理学研究　三〇巻』六五～七四頁
杉山登志郎（二〇〇七）『発達障害の子どもたち』講談社現代新書
竹下可奈子・大野博之（二〇〇二）ADHD児への動作法の適用『リハビリテイション心理学研究　三〇巻』三一～四〇頁
鶴光代（二〇〇七）『臨床動作法への招待』金剛出版
山本昌央（二〇〇二）「動作法からみた自閉症」成瀬悟策（編）『障害動作法』学苑社

実践2
ダウン症児への臨床動作法

菊池哲平

援助対象と実践方法

ダウン症とは

ダウン症は21番染色体の過剰状態から生じる症候群です。通常、人間の染色体は23対46本で構成されており、そのうち性染色体2本を除いた常染色体22対44本は、その物理的な大きさの順に1番から22番まで番号が振られています。実際には21番染色体と22番染色体の大きさは逆転しており、21番染色体が染色体の中で最も小さな染色体になります。その21番染色体が通常2本のところを3本持った状態で生まれてくるのが、ダウン症の子どもたちです。染色体は遺伝子情報を担っているため、染色体の過剰状態は遺伝子情報にさまざまなエラーをもたらします。そのため、ダウン症児には身体面から心理面に至るまでさまざまな特徴が認められます。

ダウン症児の障害特性

ダウン症児の身体面、特に姿勢や動作にはかなり明確な特徴がみられます。最も特徴的なのは筋緊張の低下状態、特に股関節部位の低緊張です。これは出生直後あるいは乳児期に強くみられる特徴で、ダウン症の赤ちゃんのからだを触るとグニャッとしていて、関節も柔らかく可動域がかなり広い印象を受けます。そのため乳児期から幼児期にかけての運動発達に遅れが生じやすく、坐位や立位、独歩などの開始月齢が遅れる傾向にあります。

ところが筋緊張の低下状態は、その後もずっと続くのではなく徐々に変化していき、筋緊張もだんだん強くなります。それは日常生活でのさまざまな経験を通して、まさにダウン症児自身が何とか環境に適応しようとする努力の現れと考えられます。しかしながら低緊張状態から脱していくためにかなり不適切な力の入れ方をすることが多く、その結果、多くのダウン症児に姿勢のゆがみ、あるいは歩行や階段昇降の動作困難

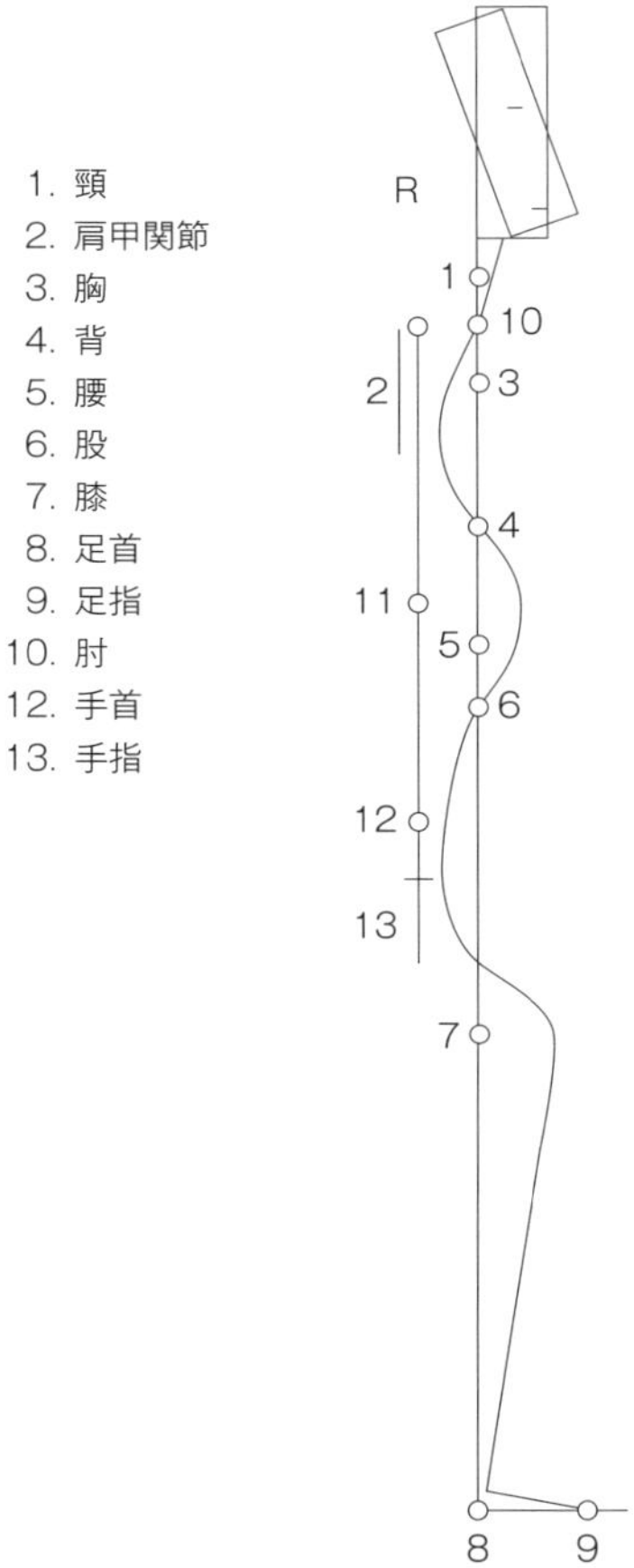

図１　ダウン症児によく見られる姿勢特徴

田中新正（2005）「動作法」池田由紀江（監）菅野敦･玉井邦夫･橋本創一（編）『ダウン症ハンドブック』日本文化科学社より

が生じやすいのです。

立位や独歩が可能になったダウン症児の典型的な姿勢特徴は、①顎を突き出して円背（猫背）である、②背中が大きく反る、③出っ尻（股関節の引け）、④膝関節が反張する、⑤踵に重心がかかる、などです（図1）。こうした姿勢特徴は、まるで判を押したように多くのダウン症児に共通してみられます。また歩行時には、⑥脚を斜め前に降り出しながら歩く、⑦平均台など左右のバランスを保つことが困難、⑧段差に躓きやすく階段昇降が苦手、などの特徴がみられます（田中、二〇〇二）。

一方、心理面の特徴はどうでしょうか。ほとんどのダウン症児は知的障害を有しており、全般的な発達がゆっくりとしています。ところが、それだけではなくダウン症児は他の知的障害と比較してさまざまな心理的発達の特徴を示します。一つは、人懐っこく朗らかである、という特徴です。多くのダウン症児が「人が大好き」であり、積極的に周囲の大人や子どもと関わろうとします。特に乳幼児期には保育園や幼稚園などで周囲の関心を惹こうとし、「かまってほしい」というサインをさかんに出します。就学後になるとそれまでの経験から徐々に消極的になることもありますが、本質的にダウン症児は他者に対する関心が高く、積極的に関係づくりを求めていく特徴があるといえます。

ところが、もう一つのダウン症児の心理面の特徴としてよく挙げられる点に、気難しく自分がイヤなことは頑として受けつけない（頑固である）、というものがあります。この頑固という特徴は学術的には論争があり、「関わる側の勝手な位置づけである」という主張もあります。しかしながら臨床場面あるいは日常での印象から「やはり頑固だなぁ」という印象を多くの関わり手がもつことも事実です。こうした頑固さは乳幼児期から垣間見られ、就学後には集団行動に困難を示すようになる事例も少なくありません。

臨床動作法からみるダウン症の特徴と支援の方法

臨床動作法では上述したようなダウン症児の特徴を、心身両面から捉えてアプローチしていきます。特にダウン症児の心理的特徴として問題になりやすい「頑固さ」について、ダウン症児の姿勢・動作特徴として挙げられる①から⑧のポイントに対して動作課題を設定し、その動作課題を実施していく中でダウン症児自身が課題を受け入れ、自体への新しい働きかけができるように介入していきます。これを「体験様式の変容」と呼び、それまで行っていた自体への働きかけを新しいやり方で変えることを意味します（田中、二〇〇五）。前述したようにダウン症児の姿勢・動作特徴で挙げられたポイントはすべて、ダウン症という21番染色体の過剰状態から直接的にもたらされた特徴ではなく、ダウン症児自身が環境に適応しようと努力した結果として生じた特徴であると考えられます。低緊張という状態から脱しようとして身につけた特徴ですので、偏った緊張の入れ方あるいは過剰な緊張状態が起きやすく、その不適切な姿勢や動作の状態が重積してしまっているのです。

そのような状態はダウン症児の心理的特徴を端的に現しています。ダウン症児にとって、その姿勢・動作特徴はそれまでの生活経験の中で積み重ねた体験様式そのものです。その体験様式を変容させるために、ダウン症児に対して姿勢・動作特徴を変容させ得る動作課題を実施し、それにより新しい姿勢・動作を身につけるという体験を促すことが肝要なのです。

具体的に設定する動作課題は、肩や背中あるいは腰部位にみられる緊張を弛緩するためのリラクセイション課題（例えば坐位での肩弛めや背反らせ、躯幹のひねりなど）と、膝立ちや立位などのタテ系課題が主に行われます。これらの動作課題は、個々人の発達状況やコミュニケーションの取り方によってアレンジしていきます。乳幼児など年少の場合はある程度遊びの要素を取り入れながら実施し、本人の主体的な動きを引き出すように働きかけていきます。年長児あるいは成人の場合は過剰な緊張状態を弛めて「楽になった」体験ができるように取り組んでいきます。特に年長のダウン症児のからだに触れると、その強烈な緊張の入れ方に圧倒されます。それらを弛めるように働きかけても、動作課題への強い拒否や抵抗を示す場合もあります。実際のセッションの中では援助者との関係づくりをしていく中で、でき得る限りの手段を用いながら動作課題が徐々に進展していくように働きかけていきます。

■事　例
――集団行動に困難をもつダウン症児

概　要

ここで取り上げる事例は、当時八歳八カ月で小学校三年生の特別支援学級に在籍していたダウン症男児A児です。

日常生活では、口頭で指示したことはおおよそ理解している様子で、A児自身の要求は不明瞭ながら単語を表出して伝えることができていました。しかしながら集団で行動する場面に苦手さがあり、例えば動作法月例会での遊び活動では、個人的な工作などの活動には積極的に参加するものの、集団ゲームのような活動には参加したがらず母親や担当援助者の膝に顔を埋めるなどの様子でした。学校の給食でも集団の中で一緒に食べることが苦手で、支援学級の小集団（五名程度）では食べることができるものの、交流先の通常学級の中では絶対に食べようとしませんでした。毎夏に開かれる動作法によるダウン症児への支援キャンプ（過去六回参加）でも、給食と同様に全員での食事場面を極端に嫌がり、食堂に入るのを頑なに拒否するか、入室しても全く食べずに残していました。またその他の集団活動についても会場に入ることを拒否したり、集団で一緒に活動することを頑なに拒否する様子がみられていました。

動作法については生後四カ月から週例会・月例会に継続的に参加し、からだに触れられることや、母親と離れてセッションに参加することなどについては特に問題はみられませんでした。しかしセッションが始まると、援助者が提示する動作課題に対して強く抵抗することが多く、課題を導入しようとする援助者から離れようとしたり、支援の手を外そうとしたりする様子が多くみられていました。

［セッションの構造とインテーク時の様子］

三泊四日のキャンプ形式の集中セッションにおいて、八回（一回につき四五分）の動作法セッションを行いました。インテーク時のA児は、立位時に左足に体重をかけ左の股関節が引けた姿勢をとっていました。膝立ち姿勢になると、お尻の引けが目立ち、全身に力を入れて立っていました。あぐら坐位の姿勢では円背になり、肩の開きや背反らせ課題では肩と首に力を入れて踏ん張っていました。またA児は日常的に歯ぎしりが激しく、下顎を突き出した姿勢をとっていました。

経過

［第一回］

インテークセッションの後、続けて動作法セッションを行いました。坐位での肩の開きと背反らせ課題を動作課題として設定しました。前述したように、ダウン症児には円背が多く、肩も前方に丸めて緊張させているることが多いのですが、A児もやはり背中を丸めて肩を緊張させていました。そこで援助者はA児の背後から支援を行い、援助者の脚を支えに背中を伸ばしたり、肩全体を軽く手で包みA児の肩を後ろに引く援助を行いました。これらの課題の間、A児は全身に力を入れて援助者の援助に抵抗していました。じっくりと働きかけると徐々に力を抜けるようになってきましたが、間欠的に緊張を入れてしまい十分なリラクセイションになりませんでした。膝立ちでは全身に力を入れて出っ尻になり、腰を入れるよう修正しようとしても力を入れて援助者の援助に抵抗しようとしていました。

第一回のセッション直後の夕食では集団の中で食べることを頑なに拒否し、隣に坐っている母親の膝に顔を埋めたままで食べようとしませんでした。結局、宿泊室に食事を持ち帰りA児と母親二人になってから食べました。二日目の朝食時も同様に、A児は集団の中で食べることを頑なに拒否して、宿泊室に食事を持ち帰ることを何度も要求してきましたが、母親がそれを認めませんでした。結局A児は終始顔を手で覆いながら机の下に隠れ、一口も口にしませんでした。

[第二回〜第三回]

第一回のセッションに引き続き、肩や背中のリラクセイション課題を行うものの、やはり首や肩に力を入れて自体を弛めることに強い抵抗を示していました。仰臥位で背中を反らしたり、躯幹のひねり課題を導入すると徐々にからだを弛ませていくことができるものの、きついところまで来ると援助者の援助に対して敏感に反応して課題を終えようとするなどの様子でした。

第三回のセッション後の昼食では、やはり集団の中で食事をとることを嫌がり、A児と母親、援助者の三人で集団から離れて食堂の隅のほうに移動しますが、それでも食事をとろうとせず、結局食事の時間が終了して他の援助者や動作者が食堂からいなくなってから食事をとりました。

［第四回］

仰臥位での背中を反らせるリラクセイション課題では、あまり抵抗せずに徐々にからだを弛めることができてきました。そこで膝立ち課題を導入することにしました。この課題では、動作者は膝を床につけてからだを真っ直ぐに保つことが求められますが、多くのダウン症児は全身に力を入れ、股関節を引いて出っ尻になる姿勢をとり、真っ直ぐの姿勢になれません。A児もやはり同じような特徴をもっていました。そのため、まずは股関節を伸ばして出っ尻の姿勢を修正するために、A児の上体を援助者が抱えてお尻を入れる「腰入れ」と呼ばれる課題を行いました。この課題の時にA児はそれまでで最も激しい拒否を示し、全身に力を入れて援助者から逃げだそうとしていました。援助者がじっくりと課題を行っていくと、徐々にA児の全身に入った力が抜けて、腰を入れていくことができるようになりました。課題が終了すると、A児の表情に変化がみられ始め、まるで茫然自失という様子で坐っていました。その後、坐位でのリラクセイション課題を行うと、それまでのセッションの時とは全く違った様子で援助者の援助に応じて課題を遂行しようとしていました。

第四回のセッション後の夕食時には、食堂の席に坐ったA児の様子はこれまでとは著しく異なり、茫然自失した表情でした。目の前に置かれた食事に口はつけませんでしたが、母親に対して食事を宿泊室に運ぼうとか、食堂の隅のほうに移動しようなどの要求もせず、ただ坐っているだけでした。翌朝の朝食では、当初は食事を口にしませんでしたが、食事時間の終了間際から自分から食事を食べ始め、すべて食べることができてきました。

［第五回〜第八回］

前日までのセッションとは違い、すべての課題に対して援助者の援助に抵抗せずに取り組むことができるようになりました。膝立ちや立位でも、全身に力を入れてお尻を突き出す様子もなくなりました。第六回のセッション以降も同様に、膝立ちや立位での重心移動や、噛み合わせの悪さを修正するための下顎の開け閉め課題などにも主体的に取り組むことができるようになりました。

三日目昼食時から、特に援助者や母親の促しがなくても大勢の集団の中で「いただきます」の合図と一緒にA児が自ら食べるようになりました。その他のキャンプでの活動でも、前年度まで入室することもできなかった集団活動に参加するなど動作法セッション以外での変化もみられました。

キャンプの終了後も落ち着いており、月例会や週例会などで担当援助者が交代しても以前のように全身に力を入れて抵抗することはなくなりました。また、集団で取り組むようなゲームにも参加できるようになり、学校の給食場面でも徐々に大勢の中で給食をとることができるようになったとのことでした。

援助をふり返って

A児が示していた集団行動での困難、特に食事場面での頑なな態度は、ダウン症児の頑固さを端的に表しています。A児自身がなぜ集団で食事をとることを嫌がっていたのか、その原因はさまざま考えられるのですが、周囲にはその根本的な具体的理由がはっきりとは分からないことがほとんどで、結局、A児の頑なな態度をいかに変容させるのかが解決の糸口になりました。当初、A児は動作課題に強い抵抗を示していましたが、A児にとって動作法セッションで肩や背中を弛め、膝立ちや立位で出っ尻を修正しようとすることは、それまで培ってきたA児自身のからだの使い方を変容させねばならない、まさに体験様式の変容が求められる課題であったと考えられます。特に第四回のセッションにおける腰入れ課題は、それまでのA児の拠り所であった力の入れ方を大きく転換させねばならないものであったと考えられます。

それを乗り越えたA児は、その後の動作課題のみならず日常生活においても大きな変化をみせます。集団での食事場面に代表される集団行動場面では、自分自身の行動をコントロールする力が必要となります。A児は援助者との動作を媒介にしたやり取りを行っていく中で、セッション開始当初は援助者が提示した動作課題に抵抗を示していたのが、援助者の働きかけに応じるようになってきました。自らの行動、すなわち自己をコントロールして、提示されている課題に向かい合うようになったのです。そこで獲得した自己コントロールの力がさまざまな日常生活の場面で活かされるようになったものと考えられます。すなわち動作法セッションの中での動作体験様式の変容が日常の体験様式の変容へとつながったものといえるでしょう。

ダウン症児に対するさまざまなアプローチの中でも、ダウン症児の姿勢・動作特徴と心理的特徴を関連づけて捉え、心身両面から治療介入していく臨床動作法は非常に画期的であるといえます。今回紹介した以外にも、幅広い年齢層や主訴に対する効果が報告されており、著しい有効性をもっているといえるでしょう。

＊紹介した事例は菊池哲平・田中新正（二〇〇〇）「集団行動に困難を持つダウン症児に対する動作法の効果」（『リハビリテイション心理学研究　二八巻』一一三〜一二〇頁）を改稿したものです。

文　献

田中新正（二〇〇二）「動作法からみたダウン症」成瀬悟策（編）『障害動作法』一〇九〜一二三頁　学苑社
田中新正（二〇〇五）「動作法」池田由紀江（監）菅野敦・玉井邦夫・橋本創一（編）『ダウン症ハンドブック』九四〜九七頁　日本文化科学社

実践3

学校不適応児への臨床動作法

望月　宇

援助対象と実践方法

学校不適応支援における臨床動作法の視点

学校不適応児とは、学校場面への適応の困難さを示す子どもであり、不登校、いじめ、学級集団への不適応や学業不振などの問題をもつ子どものことをいいます。したがって、学校における不適応児童生徒の態様は多様です。そのため、その援助・指導は児童生徒自身における問題性や児童を取り巻く社会環境や家庭環境をしっかりと理解し、行うことが望まれます。

学校不適応行動の要因として友人関係の不調、学業などへのストレス、発達障害などが挙げられます。友人関係の不調やストレスが要因として考えられる不適応の場合は不登校に陥るケースもあり、その早急の対応が必要とされます。また、発達障害をもつ場合はその障害の程度や特徴を把握して援助が行われます。

不登校とストレス問題

不登校に対する教育的対応としては、スクールカウンセラーの導入や適応指導教室の設置、また、福祉施設や病院に入院した場合、入院者を対象とする特別支援学級（情緒障害児学級）などによる対応がなされています。

不登校問題に関わるものとして学校ストレッサー（ストレスの原因）が挙げられます。三浦（二〇〇九）は、不登校感情の高い中学生に心理的ストレス状態の理解を促し、日常の学校生活における働きかけを実施した結果、不登校感情、抑うつ・不安、無気力反応、および教師関係ストレッサーの得点が有意に低下し、友人サポート得点は有意に上昇したと述べています。

個人がストレッサーと対面した時にまずはストレッサーについて認知し、それに対応する個人のコーピング（対処）能力が働きます。そこでうまく対処することができない場合はストレス反応として現れます。児童生徒の心理的ストレスについて理解を深めるには、コーピングといったストレスに対する個人内要因について考えることが必要ですが、ストレッサーの一要因である人間関係の視点からみていくことも重要です。

不登校児童生徒は友人との関わりの苦手さからストレスが生じると考えられますが、また友人からのサポートを得ることが難しい場合が多いことも問題です。学校に行けないため、教師からの直接的な援助も少なく、そのうえ、両親も不登校問題にどう対応したらよいか分からない状況にいることが多く、臨床心理学的支援の必要性が考えられます。

臨床動作法と友人関係における自己理解と他者理解

本田（一九九九）は「心理的な困難を抱えているこころの在り方が体の表情に反映しているならば、体の表情の変化を直接引き起こすことがこころの在り方を変えていくことにつながるとも考えられる」と述べています。鶴（一九九一）は、「身体感の明確化、確実化の体験は新しく自己を支える自律的に活動する存在として実感される」と自体感の変容が動作法における重要な治療要因であると報告しています。

からだの姿勢や動きを意識できたり、自分の姿勢や動きに向き合ったりすることがこころの在り方の理解につながると考え、動作法では自己のからだの在り方の理解を促すことでこころの在り方への理解につなげていくと考えます。そして、動作法の適用により、自己の内面に注意が向けられ、からだの意識性が増すとともに、外界への応答性が促されていくということが考えられます。そこで、このように動作法によって児童生徒が自己理解を深めることにより、友人関係を円滑にできるような援助が必要だと考えられます。

個人がストレスを受けている時あるいは受けた時に適応のため、認知的評価やコーピングといった個人の対応が行われますが、うまく適応できないこともあります。自分が行う認知的評価やコーピングがうまくできない場合にはからだのリラクセイションなど行う動作法によるからだの変化という援助効果によって、個人の認知的評価やコーピングといったストレッサーに対する対応の側面への援助となります。そのような支援が他者との関係に対する見方や感じ方の不調から起こるストレスの低減に有効だと考えられます。友人との関わりの中では、自分自身への理解と他者である友人への理解が必要です。自己の現状や周りの他者の意思や関わりをきちんと理解することが児童生徒の対人関係の中でとても大切なことです。

学校不適応への援助は児童生徒の自己理解や他者理解の促しが一つ考えられ、人間関係がうまくなれるような対人スキルを育つことが重要です。以上のことから、動作法を通して、自己の姿勢や動作の在り方とその変容への気づきによって、自己理解と他者の意図理解を促し、さらにその自己理解と他者の意図理解が、友人関係の改善、学校への適応につながると考えられます。

臨床動作法は学校不適応の児童生徒に対してどう有効なのか

文部科学省の「不登校に関する調査研究協力者会議」（二〇一五）では、不登校になるきっかけについて、小学校では「不安などの情緒的混乱」、「無気力」、「親子関係をめぐる問題」が主なものとして挙げられていました。中学校では「不安などの情緒的混乱」、「無気力」が主なものとして並び、「友人関係をめぐる問題」「あそび・非行」なども理由として挙げられていました。また、高校生では、「無気力」が最も多く、次いで、「不安などの情緒的混乱」「あそび・非行」となっていました。

小中高のいずれにおいても、不安の高さや、本人が無気力な状態にあることが、不登校と直結しています。こうした子どもへの臨床動作法による援助効果としては、援助者との動作課題の遂行という動作法場面において、援助者がありのままの自分を受け入れてくれることやなかなかできない難しい課題などに援助者と一緒に取り組み、改善策を考えていくことで、援助者との一体感などが生まれ、不安が軽減されます。そして、少しでも困難な課題をクリアできることで芽生える自己肯定感を体験していくことが、何かに取り組む意欲につながり、不安や無気力の改善が期待できます。

友人関係をめぐる問題も、学校不適応の一要因です。そうした児童に対しては、援助者と一対一による動作課題を遂行することで、子ども自身の自己肯定感や自己信頼感を育み、課題に取り組むことへの意欲の増加、さらには課題遂行を通した自己との向き合いが現実的な自己理解に向かうことにもつながるといった援助効果をもたらします。さらに、グループで臨床動作法を行った時には、友人関係の改善においてもより一層の援助効果が出ると期待されます。なぜなら、グループで動作体験の援助を一人ひとり受けることで、他児と同じことを行っていること、他児と同じ気持ちであることなどの体験を味わうことができ、そのことにより、仲間意識の高まりや他児理解、自己が受け入れられる体験など、友人関係の改善や維持に必要とされる認識や体験を得られるからです。

援助にあたって特に注意すべきこと

学校に行っていないことに困っていない子どもが、昨今増加しています。こうしたタイプの不登校の子どもを臨床動作法によって援助しようとする場合、まず、目の前にいる子どもがどのような体験様式で生活しているかについてアセスメントしていくことから始めます（鶴、二〇〇七）。臨床動作法で重要となるのは、動作面からの体験様式のアセスメントです。そのアセスメントは、姿勢やしぐさも対象となりますが、中心となるのは子どもが面接者から提供された動作課題に対応していく際の仕方です（鶴、二〇〇七）。すなわち、動作課題にじっくりと向き合い、からだの緊張を弛めたり、ゆっくりと動かすような対応をしているのか、それともなかなか緊張を弛めることができず、動きも力んでさっと動かしてしまうような対応なのか、というように、動作課題に向き合った時の対応の違いから、体験様式の違いを推測していくことです。これに基づき、鶴（二〇〇七）は、子どもが自分をより良く活かして生活していけるようになるためには、現在のどういった体験様式をどのように変えていけばよいかを明らかにして援助していくことが重要だと指摘しています。

また、不適応状況にある子どもは、不安や焦燥などを感じやすく、一度に多くのものを変えようとすると、その衝撃や不安感で行動できなくなることがあります。そのための援助としては、具体的で分かりやすい動作課題を設定し、動作課題の分からなさやできなさからくる不安や焦りあるいは緊張を軽減し、自分でもできそうだといった見通しがもてて、意欲をもって動作課題に取り込ませることが大切です。先にも述べたように、児童生徒は、明確でクリアできそうな課題を一つひとつ達成していくことで、安心感や自己肯定感を

表１　WISC-Ⅲの検査結果

VIQ：92	PIQ：104	FIQ：97	
言語理解：92	知覚統合：103	注意記憶：88	処理速度：100

下位検査				
知識：12	類似：8	算数：9	単語：10	理解：5
数唱：7	絵画完成：12	符号：11	絵画配列：10	
積木模様：12	組合せ：8	記号：9	迷路：13	

もつことができます。そのことが、不安の解消や、意欲をもって自己に向き合うことにつながるのです。

■事　例
――怪我からの療養後に不登校になった中学生女子への適応支援

概　要

本事例はフリースクールでのケースです。フリースクールには一二名の児童生徒が平日毎日通っていて、その中で一人の援助者が、みんながいる部屋の中で、一人三〇分動作法を実施するという形式で行いました。

このうち、本稿でご紹介する支援対象者は、中学三年生の女子（一五歳）です。彼女は学校の階段で転び、足を怪我して、療養のためしばらく学校を休みました。ところが、転んだことについて「体格が大きいから転んだ」と周りから思われていると認識していて、友だちの目線が気になり、回復してからも学校に行けなくなりました。

インテーク時にＷＩＳＣ－Ⅲをとりました。検査結果（表１）から、知的発達水準は平均的であるものの、常識的な理解や判断が未熟であり、過度の具体的思考や柔軟性のなさなどから対人関係において不適応を起こしやすいと考えられました。

そこで、本事例の動作者への動作法の実践では、椅子坐位での肩上げ、肩開き課題、腕上げ、腕開き課題を行い、注意を向きやすいよう、簡潔に課題を一つひとつ伝えることにしました。からだの状態や変化などを意識、体験させ、自己の姿勢や動きについて意識ができていないところを促していきます。それにより、動作者自身が自分に対してどうみているか、認識しているかについての自己理解を促していきます。そのうえで、援助者の関わりや意図理解を促し、身の回りの他者理解についても援助し、身の周りの状況把握、推理、そして常識的な理解や判断を援助します。

経過

週一回、計一二セッション行いました。

［援助者が動作者に援助した動作の具体的な手順や姿勢］

今回紹介する事例は、椅子坐位での腕上げ課題、腕開き課題、肩上げ課題、肩開き課題を行いました。そのため、椅子坐位での援助姿勢と手順について述べます。

(1) 準備姿勢

①椅子の背もたれから離れて、背中を直に腰かける。
②肩や腰の余計な緊張を抜いてできるだけ楽な姿勢で腰かける。

（2）動作課題の実施

本人のその日の状態や気分、もっている困難性などの諸要因により、一度に全部の課題を行う必要がないことが多いです。ここでは、どの課題でも共通に行う手順について述べます。

①まず、本人に援助なしで一回行ってもらい、その時のからだの緊張など、今現在の状態を体験し覚えてもらう。

②援助しながら課題を行っていく。途中、余計な緊張が入ってくる時に、一旦止まって、本人に力を抜いてもらうよう働きかける。余計な緊張がとれたところで課題を遂行していく。最後まで上げた（開いた）ところで止まって、ゆっくり戻していく。戻す動きの中でも、同様に余計な緊張が入ってくるたびに、その緊張を抜いていくよう援助する。

③もう一度、本人に援助なしで同じ課題を行ってもらう。先ほどとの違い（楽になった、軽くなった、もっと動かせるようになったなど）をしっかり体験できるように確認しながら行う。

[初回面接]

一人で坐っているところで、〈からだが楽に、とても気持ち良くなるリラックス体操があるが、してみましょうか〉と動作法を導入しました。椅子坐位での腕上げ課題を行いました。自分で上げてみてもらうと、肘を曲げながら上げていきました。〈それでは、ゆっくり下ろしてみて〉にゆっくり下ろしていきました。〈どうですか?〉という問いかけに「うん、なんか不思議」と述べました。

援助ありの課題では、肩に手を置いて、腕を上げていきました。肘を曲げようとする力が入ってきて、〈肘を真っ直ぐに伸ばしながら上げていって〉との援助者の働きかけに肘を伸ばしていきました。肩に力が入ってきて、〈肩の力も抜いて〉に「はい」と返事した後に、どう抜くかは分からなく戸惑い、「どうすればいい？」ときいてきました。〈肩を下ろしていきましょう〉と教示しながら下ろすよう少し上から負荷をかけると、力を抜いていきました。〈どうですか？〉に「はあ、すごい、肩軽い」と感想を述べました。〈右のほうと比べたらどう？〉に「右が硬い、左がものすごく軽い」とからだの感じを述べました。

［初回面接以降］

第四回、第五回のセッション時に〈からだのどこが硬い？〉と尋ねると、いつもやっている腕上げ課題をしながら「左のほうが硬い」と返事しました。また、第四回では他児に動作法をしている時「気持ち良くて眠くなるね」と何回も自分の体験を他児と共有しようとしたり、第五回で「だって、楽になるから」と言って他児を動作法に誘ったりして、動作法を通じて他児との関わりができました。

第六回の腕上げ課題では、硬いところで止まってから腕を伸ばしながら〈今どこが伸びている？〉という問いかけに対し少し考えてから「分からない」と言ったので、援助者は動作者の体側を指しながら〈ここの辺りはどう？〉〈肩甲骨辺りは？〉と尋ねることにしました。すると、「はい、伸びています」「あ、伸びています」と動作者は答えるようになりました。

第七回で左右の腕上げ課題を終わらせてからの〈どう？〉という問いかけに対し、「軽くなった、だが左のほうがもうちょっと硬い」と答えました。また、セッションの最後の「お、軽い」「なんか軽くて飛べそう」という発言に、他児からの「（冗談は）やめてよ」というやり取りがあり、みんなで笑う場面がみられました。

第八回では腕上げ課題で援助者に任せる場面の中で、〈上げていくよ〉と言いながら上げていくと、いつもは任せることができず、すぐに腕などに力が入ってきていましたが、途中から力が入ってきて、それに対する〈抜いて〉というリクエストに「はい」と答えて、抜けるようになりました。

第九回の腕上げ課題では、〈止まって〉の声かけに対し、止まってからすぐ力を抜いていきました。第一二回の腕上げ課題後には、腕が後ろ方向へよく上がっているのに驚く様子がみられました。また、後半のセッションでは、「睡魔がきた、眠たい」のような発言が何回も出てくるようになりました。

援助をふり返って

［姿勢や動作についての自己理解］

小坏ら（一九九九）は、動作法は動作課題を解決する際に解決の過程そのものに意識を向け、動作の自己コントロール能力を高める過程を通して、動作やからだへの気づきを鋭敏化し、自己についての認識を深めることにより心理的変容を促すものであると述べています。本事例の動作者が学校に行かなくなったきっかけは、「体格が大きいから学校の階段から転んで、足を怪我した」と周りから思われていると認識していて、周りの目線が気になったためでした。しっかりと自分に向き合い、自己についての肯定的認知の側面からの援助が必要だと考えられました。

第五回のセッションまでは、いつも行っている腕や肩などへの意識や理解はできているものの、それ以外のからだへの意識化が乏しい状態でした。そこで第六回のセッションでは、からだへの意識や理解ができていないところを援助者が明確に確認して、一つずつ伝えていくことにより、本人の自分のからだへの理解が進んできました。そして第七回のセッションでは「軽くなった、だが左のほうがもうちょっと硬い」と答えて、からだの細かいところへの意識や理解ができるようになり、表現し始めました。第一二回のセッションで腕上げ課題後、腕が後ろ方向へよく上がっていたことに驚く様子がみられたことは、自分自身の姿勢について新たな認識ができたと考えられます。

［援助者の意図および関わりについての理解］

第九回の腕上げ課題で〈止まって〉の声かけにすぐ力を抜けるようになったことからは、これまで行ってきた援助者の要求や関わりの意図をからだで理解していることが分かります。また、第八回あたりから、援助者に任せる課題を安心して取り込み、初めから任せて力を入れないようにする様子がみられるような場面もありました。

また、セッション後半の「睡魔がきた、眠たい」の発言が出てくることは、本人のからだのリラックスができたことと、援助者との間での緊張がとれたからだと考えられます。そして、動作者の気持ち良い体験や自己にしっかりと向き合っている様子がうかがわれます。そしてそれは動作者が自分の体験や気持ちを自発的に表現している動作の一つであるとも考えられ、他者と関わる中で自発的に自分を表現したりして、動作者がフリースクールの外に踏み出す自発性を促進する機会になったと思われます。

［動作場面での友人関係について］

植村・岸澤（二〇〇八）は不登校のきっかけとなる原因については、「いじめを除く友人関係」が最も多くて一五・六パーセントで、「親関係」「学業不振」がこれに続き、「いじめ」も三・二パーセントであったと述べています。友人関係に対する支援は、不登校生徒にとって、不適応行動の援助などに対してとても大きな効果があると考えられます。

第四回では、動作法を通じて他児との関わりができ、その中でお互いに同じ気持ちであることを共有しようとする動きもみられました。援助者から提供される動作場面という枠組みの中で安心して自分の気持ちを素直に表現し、動作法を実施することで他児と関わる場面がより多くなり、いつもより気持ちの共有ができたと考えられます。

第七回で他児からの「(冗談は) やめてよ」にみんなで笑う場面では、自身の嬉しい気持ちを他者に表現し、他者に受け入れてもらい、友人関係においてとても大事な体験ができ、他児との会話がとても楽しそうな雰囲気がみられました。また、いつも昼食の買出しに一緒に行く友人が一人増え、本人も「今までA子と仲が良かったが、今はB子とも仲が良く、いつも買い物などは一緒に行っている」と述べました。これらの変化は、自己理解と他者理解が進み、周囲の他者や身の周りの物事について関心や興味を示すようになり、自分の気持ちや考えなどをより表現できるようになったことによるものだと思われます。

[集団場面で動作法を行ったことの意味]

最後に、集団場面で動作法を行ったことの本事例における意味について、考察します。粕谷・河村(二〇〇四)は不登校の要因の一部として、低いソーシャルスキルと、低い自尊感情が問題であると示唆しています。そのうえ、適応指導教室における集団活動を通した対人関係の中で、ソーシャルスキルの獲得・発揮が促進されたこと、および対人関係の中での生徒同士の相互作用によって偏った自己概念が修正され、適正な自尊感情をもつことに寄与したことが、不登校生徒の予後の適応にプラスの影響を及ぼすと述べています。

本事例はフリースクールに通う児童生徒の自己理解と他者理解を促し、友人関係の改善を目指したものです。動作課題は一人ずつ行いましたが、それは皆がいる集団の中で行われました。そのため、個別の動作面接と違った効果がありました。上述のように、自分の体験を他児と共有しようとしたり、動作法に誘ったりして他児との関わりができ、その中でお互いに同じ気持ちであることの共有体験をもち、また、自分の気持ちを素直に表現してスムーズに他児との関わりができたり、仲の良い友人が一人増えたりしたことは、集団場面で行ったことの効果だと考えられます。不登校児童生徒に対する動作法が、友人関係が円滑に行われるうえで有効な働きがあると思われます。

文　献

文部科学省（二〇一五）「不登校に関する調査研究協力者会議」四頁
本田玲子（一九九九）自分自身に自信が持てず不安になる学生への動作面接過程『リハビリテイション心理学研究　二七巻』二五～三一頁
粕谷高志・河村茂雄（二〇〇四）中学生の学校不適応とソーシャルスキルおよび自尊感情との関連『カウンセリング研究　三七巻』一〇七～一一四頁
小坏昭仁・星野公夫・中島宣行（一九九九）目標志向性に及ぼす動作法の効果『日本体育学会大会号　五〇巻』三二二頁
三浦正江（二〇〇九）中学生が日常の学校生活において経験する肯定的出来事に関する検討（３）：出来事の経験とストレス反応、不登校感情、自尊感情との関係『日本教育心理学会総会発表論文集　五一巻』八八頁
鶴光代（一九九一）動作療法における「自体感」と体験様式について『心理臨床学研究　九巻』五～一七頁
鶴光代（二〇〇七）『臨床動作法への招待』九三～九四頁
植村勝彦・岸澤正樹（二〇〇八）適応指導教室が不登校生徒に対してもつ機能の現状と期待：正規校としての位置づけを求めて『愛知淑徳大学論集　コミュニケーション学部・コミュニケーション研究科篇　八巻』一〇九～一二四頁

実践4
青年期における臨床動作法

座間味愛理

援助対象と実践方法

学生相談支援と臨床動作法のねらい

ここでは、青年期における臨床動作法（以下、動作法）として、大学の学生相談室における動作面接を取り上げます。学生相談室では、主に修学や心理的適応を目指した援助活動が行われており、来談する学生の健康度や相談内容は幅広く、一時的なものから継続支援を必要とするケース、危機介入などさまざまです。しかし、青年期の自発的な相談には共通して「自立」や「将来への不安」が内包され、「自分で対処できるようになりたい」と自己コントロールへの欲求が感じられます。したがって、学生相談室は学生の悩みに沿いながら、自己の成長や対処の広がり、青年期の課題への向き合いを保証する場となっています。

大学生の身体感覚への態度と悩むこととの関連について、井上（二〇一一）は日常で身体感覚に注意を向け、リラクセイションを心がける青年ほど、「悩むことへの肯定感」が高いことを示し、青年期の身体感覚への意識化やリラクセイションの体験が心理教育に有効であることを述べています。青年が身体感覚を意識することは、青年の心理的適応を高める一つの手段として有効であるといえます。実際に大学生に動作法を行った研究（池永、二〇一一）は、動作者の動作課題の取り組み方の違いによって、動作体験が異なることを示唆しています。つまり、動作者の特徴によって得られる動作体験が異なり、援助者はそれを意識して動作法による体験をねらうべきでしょう。動作法において動作者は、援助者からの動作課題を受け入れ、それに応じて動作を遂行する過程があります。針塚（二〇〇二）は、動作課題の遂行過程における動作者の体験は、その活動に伴う体験、すなわち他者を受け入れる「受容感」や他者から受け入れられる「被受容感」、「一体感」から成る「他者対峙的体験」と、からだが弛んだ感じなどの「身体感」、自分が動かしている「能動的動作感」、ゆったりした感じや不安などの「情動体験感」から成る「自己対峙的体験」が、動作者にとって新しい体験となり心理効果があると述べています。

臨床場面においては、動作法を面接に取り入れることによる来談者の体験様式の変化（清峰、二〇〇七）、動作面接において能動的取り組みができるようになることで、卒業期の課題に取り組めるようになった事例（池永、二〇一二）などが報告されています。また、座間味（二〇一三）は、強迫性を有する学生に動作法を適用し、援助者との信頼感を基盤とした展開が青年期の自己の捉え直しを促し、自立に向けた進路選択に向き合えるようになったことを示しました。

以上のことから、学生相談における動作法は、学年歴や学生の生活場面に応じて、職業選択などのアイデンティティ形成、現実的な課題に取り組もうとする自己の成長や対処の広がり、青年の心理的適応を目指したものとなる必要があるでしょう。

動作法を導入する援助者の意図

ほとんどの来談者は、カウンセリングに言語面接を期待して来談します。また、来談者は動作自体に問題を意識していないことが多いです。したがって、援助者の心構えとしては、動作法ありきの面接ではなく、自然な面接の流れに沿いながらも、動作面接によって来談者に必要な体験が得られるという適切なアセスメントと方針をもつ必要があります。筆者の経験では、緊張感や焦燥感の軽減を目指した展開において、また、言語面接ではつかみどころがない学生との面接において動作法面接が有効に機能した事例が多くありました。しかし、対人緊張の強いケースではうまく導入できず失敗したものもあります。特に、頻尿を主訴として来談したケースでは、緊張感の軽減を動作法で扱おうとしてもうまくいかず、中断となってしまいました。動作法の導入には、援助者のアセスメントと来談者への十分な配慮が必要です。

学生相談における動作面接の進め方

筆者の経験では動作面接を単発で行うケースは少なかったことから、ここでは、ある程度の継続支援を必要とした面接に焦点を当て、筆者が来談者に合わせて導入した際の工夫をまとめます。

［主訴と導入のつながり］

援助者が来談者の主訴や健康度の水準を見立て、動作法によって得られる効果があると判断した後、来談者の困り感に合わせて説明を工夫します。主訴が不眠、過緊張、疲労感に関することであれば、〈入眠時に落ち着けるようにからだをリラックスさせる方法も行うことができる〉など、場面と関連させて説明します。また、「力が入らない」といったコントロールへの不安感や自信のなさなどが主訴として感じられる場合には、動作法も〈からだの感覚に注目して、自分のからだをコントロールする方法に取り組んでみないか〉と目的を工夫して伝えてもよいのではないでしょうか。本来、動作法において緊張は完全に抜くのではなく、適度に入れることが重要ですが、動作者にとっては、主訴と動作法がどのように関連するのかについてイメージできることが受け入れに重要な意味をもつと考えています。

[対人緊張や評価懸念に配慮する]

どのような来談者の場合でも、直接からだに触れられることへの配慮が必要ですが、来談者が対人緊張を感じやすい場合には特に触れることへの合意が必要となります。また、いきなり仰臥姿勢の課題や、背反らせ課題で援助者に身を任せることを求めると、抵抗を強めてしまう恐れがありますので、できるだけ顔の見える対面で、来談者が援助者の動きが見える位置で援助を行うとよいでしょう。例えば、腕の上げ下げ課題では、椅子坐位で行うことから始め、援助者が横から援助を行います。来談者が自分の動作に注意が向けられるような姿勢や課題を設定することが求められます。また、他者からの評価に敏感な場合には、援助者の発言が姿勢の悪さの指摘と受けとめられる傾向がありますので、細やかな配慮が必要です。援助者の年齢、性別、発言が来談者に影響を与えていることを自覚して配慮します。

[動作法を通した体験、自己への気づきを扱う]

先述したように、動作課題の遂行を通して、動作者はさまざまな活動に伴う体験をしていると考えられます。まず、援助者の与えた課題の受け入れ、援助されて感じられる他者との対峙的体験です。援助者は動作者の戸惑いを敏感に感じとり、嫌な感じはないか、援助は強くないかと確認しながら進めます。また、動作者が自分のからだの感覚について述べる感想も丁寧に扱い、動作者が語る日常生活の困難さを動作遂行時の努力やからだの使い方と関連させながら理解に努めます。動作者のからだを通した実感を大事にし、こころで感じていることとからだで感じていることが一致したとき、自己への気づきが生まれるでしょう。このように、動作面接で得られた理解を言語面接で扱う展開も可能であると思われます。

■事　例
――終結期に動作面接を導入した事例

概　要

Aさん（大学三年生・女性・福祉職資格の取得を目指す学科に所属）は、大学で一斉に行われた心の健康調査票の結果より相談室が来談を促しました。来談時は抑うつ傾向がみられ、福祉職への適性に悩み修学に身が入らないこと、好きな音楽活動を続けるべきかとも思うが、結局は親や他者の期待に合わせて自分の意志とは異なる行動をしてしまうことを語りました。思い通りにいかなくなると、全身がかゆくなる、部屋に籠り長期欠席をする、他者との交流を断つ傾向があることが理解できました。母親は病気がちで身近に悩みを言える相手がおらず、消えたい気持ちになると訴えました。援助者は、悩みを共有できる相手となるとともに、Aさんの自己決定の過程に付き合う支援を行うことにしました。

経　過

［導入までの面接展開］

Ａさんは面接で話すテーマを決めることにも悩み、話がさまざまに展開しました。終了前になると実習への不安や表面的に対応する自分への嫌気について話しました。援助者が面接終了前の五分をＡさんの話を聞いて感じたことを話すといつも曇った表情をしました（第一回〜第一〇回）。Ａさんは面接のたびに、福祉職に就いたらどうなるか、「やればきっとできるけど、どうせすぐ辞める」「誰か決めて」と投げやりな態度になることもありました。そのようなＡさんの特徴に対し、援助者は〈いろいろな価値があって決めるのは難しいね。どうしたら勇気ある折り合いをつけることができるのだろう〉と一緒に悩み、しばらくはＡさんにとって身近なアルバイトを辞めることを話題としながら自己決定をテーマとしました。第一三回より、Ａさんのリストカットの経験や「しんどい」気持ちが語られるようになり、少しずつ親の気持ちと自分の気持ちを分けて話すことが増えていきました。就活説明会が迫ると大学を一週間休むことがみられましたが、そこには自分の気持ちや自分が発しているサインを受け取って決めたことが感じられました。第一九回では、母親が病気により他界したことが話され、深い悲しみと後悔、誰も分かってくれない苛立ち、そして同時に一般職の内定が決まったことで将来への希望が語られました。Ａさんにとって、重要なライフイベントが同時におとずれたため、援助者は気持ちに寄り添う関わりを重視しました。

母親の葬儀が落ち着くと、Ａさんは再び選択することを迫られました。第二五回では、福祉職の資格試験を受験するか否か、就職後も音楽活動を続けるか、内定先に苦手な人がいることから内定を辞退したいという葛藤が生じました。Ａさんは、自分にはいつも女性同士の対人関係の難しさがあること、投げ出したい気持ちが生まれるとどっと疲れが出てからだが思うように動かせなくなるということに気づきました。Ａさんの「まずは自分のからだを元気にしていきたい」という語りを受け、第二八回で援助者は動作法を提案しました。この時点で面接は一年半が経過しており、Aさんは大学四年生、一一月に入っていました。そこで卒業までの残り三カ月ほどを終結期と位置づけ、Aさんの自分のからだを通して感じられる「しんどい感じ」や「楽な感じ」を実感し、自分の感覚に向き合いながら自己対処力を広げることをねらいとして動作法を導入することにしました。

〔動作面接の展開〕

動作面接を第二八回で提案したものの、実際には第三一回から開始しました。援助者は、〈自分でからだの緊張やきつさを感じた時に、それを自分でどうしたら楽になるのか一緒に探していこう〉と提案しましたが、それがAさんには実際にどういうことをするのか伝わりにくかったかもしれません。動作面接は一回三〇分、計六回行いました。

動作法の初回（第三一回）では、Aさんの普段の姿勢を見せてもらいました。肩こりや腰回りの痛みがあるようで、生理の時は起きることができないほどだと話しました。Aさんはすぐにマットに坐ってもよいと承諾したので、マットの上であぐら姿勢をとってもらいました。Aさんの姿勢特徴は、腰が後ろに落ち、背中を丸め、分かりやすく左側に傾いていました。そのため、倒れないようにバランスをとろうと右肩を上げ、肩を内に入れる力の入れ方をしていました。また、右膝が浮き、右股関節の固さがうかがえました。援助者は、肩回りの緊張は、安定して坐れないことから生じていると考え、股関節、腰回りの弛め課題を行い、Aさんには緊張を感じたところでその緊張を抜き、自分でコントロールできた体験をしてもらうことにしました。坐位での前屈をすると、Aさんはすぐ「痛い～」と姿勢を戻しました。援助者は、からだの緊張を感じたところで少し待てるように上体を支え、〈痛みが少し和らぐまでそのままで待ってみよう〉と伝えました。すると、少し和らいできたことが感じられ、再びあぐら姿勢をとった時は、最初よりも少し床にお尻をつけて坐る感覚があると話しました。第三二回では、Aさんは「自分には癖がある」と気づきを話しました。あぐら坐位でいると、「後ろに倒れそう」と不安そうだったので、〈倒れない程度に後ろで支えますね〉と背中に援助者の脛を当てて援助することにしました。このセッションの言語面接では、「生まれて初めてかも。人間関係にほっとしている。人生で五人くらいいればそれでいい」と同性関係についての話題が展開しました。第三三回では、肩回りの弛めとして、横になって肩甲骨を開く課題を行いました。まずはAさん自身で肩を開く動きをしてもらい、「左肩が動かしにくい」という実感があったので、援助者はAさんの左肩を支え、右肩が同時に動かないように止めながらAさんの動きに合わせて左肩を開いていきました。Aさんは「支えてもらっていると、肩が内に入るのが分かる」と言い、援助者の支えを頼りに緊張を抜くコツがつかめたようでした。Aさんの肩の力が抜けた瞬間に、援助者が〈今、力が抜けたね!〉と言うと、「お〜」と笑いだし、「胸が開くと歌も歌いやすくなるかも」と感想を述べました。その後の面接では「脚を組むと前になる脚がいつも上がる」「力を入れて坐っている感じがする」(第三四回)ことを話し、自分の日常でもからだに注意を向けている様子が感じられました。Aさんは腰や股関節回りの弛めを中心に取り組み、援助者の支えや方向を示す援助によって、「痛いからやめる」のではなく、じっくり課題に向き合う時間が増えていきました。第三五回では、「自分の気持ちが整理されて、思ったことを人に言えるようになった」と語り、就職してもがんばれそうと前向きな発言をするようになりました。同時に、日常生活では、特定の女友達と無理せずに何日も一緒に過ごすことができた喜びを表現し、いろいろな心配や理想とは違うことはあるけれど、まずは「自分で立っておく方法を身につけたい」と、動作法を「自分で対処する方法」として位置づけているように思われました。前屈での股関節回りの弛め、上体を左右に倒す腰回りの弛め課題、肩の開き課題を通して、Aさんは前よりも楽に坐れた感じがすると実感を語りました。第三六回の最終セッションでは、初めに動作法を行いました。これまでと同じ課題を通して、「今日はそんなに痛くない」と目を閉じ、からだに意識を向けて静かな取り組みをみせました。言語面接では、「今の状態が一番いい状態。話して整理すること、自分のことを言えるようになって整理できた。新人研修は怖い。でも、無理に誰かとつながろうとしなくていいかなって思う。適度に距離もとれたら」と話し、援助者にお礼を言って部屋を出ました。Aさんとの話し合いで、フォローアップ面接は行わないこととし、Aさんの卒業をもって面接は終結となりました。

援助をふり返って

本ケースは、初めから動作面接を導入しようと意図したわけではありませんでしたが、Aさんから自分を大事にしていきたい気持ちが語られ、自分で対処の仕方を身につけるという動機づけによって動作法が無理なく受け入れられたと感じています。動作面接では、Aさんの自己決定に伴う迷いや不安が軽減され、率直に自分の気持ちや感覚を語れるようになりました。動作法を導入できたことで、自分のからだを通して信頼感のもてる対人関係を体験し、適度に他者に頼りながらも自分のコントロール感を失わない感覚が体験できたのではと考えます。また、終結期に展開された動作法は、Aさんと援助者が一緒に取り組んだ証、二人のこころのお土産になったのではと感じています。

文　献

針塚進（二〇〇二）「障害児動作法における指導の意義」成瀬悟策（編）『障害動作法』学苑社
清峰瑞穂（二〇〇七）「学生相談における臨床動作法」成瀬悟策（編）『動作のこころ　臨床ケースに学ぶ』誠信書房
井上久美子（二〇一一）青年期における身体感覚への態度と「悩む」こととの関連『心理臨床学研究　二九巻』五七四〜五八五頁
池永恵美（二〇一一）臨床動作法における動作活動の様相と自己体験感との関連『リハビリテイション心理学研究　三八巻』五九〜六九頁
池永恵美（二〇一二）卒業期の課題に直面して不安感が高まった女子学生との動作面接『リハビリテイション心理学研究　三八巻』七四〜八四頁
座間味愛理（二〇一三）強迫的構えを有する大学生への臨床動作面接における自己対峙的体験と他者対峙的体験『リハビリテイション心理学研究　三九巻』六三〜七四頁

実践5
成人脳性まひ者への臨床動作法（I）

細野康文

援助対象と実践方法

脳性まひ者のからだとこころの問題

脳性まひとは「発達の早期における何らかの原因による非可逆的で非進行性の脳損傷によって呈される姿勢と運動の障害を示す症候群」と定義されます。その症状としては姿勢と運動の障害（肢体不自由）およびその他の障害として、成長・発達に伴って変化するといわれています。

一般的に私たちのからだや動作は加齢に伴い、さまざまな変化が起こります。この老いと呼ばれる変化は人々に大きな影響を与えますが、成人脳性まひ者にとってのそれは著しい心理・社会的な変化をもたらします。その変化の一つとして、慢性緊張の増大が挙げられます。成人期には、筋緊張のアンバランスによる関節拘縮の進行などが出現し始め、これは脳性まひ者にとって無視できない身体的な問題です。彼らの多くは、歩きにくくなったり、転びやすくなったりと運動面での不安定さを感じるようになります。また、この不安定さは彼らのさらなる緊張を引き起こし、余計に歩きづらくなるなどの悪循環を生じさせます。実際、自立歩行していた人が車いすでの移動を余儀なくされることもあります。また、そういった動作の不調を体験していると、現在の生活を含めて将来に対する不安を感じることがあります。

そこで、彼らは自分自身のからだの変化に合わせて生活のあり方を変化させることで、何とか適応しようと努力します。しかし、そのようなからだや動作の変化があるにもかかわらず、そのままの自分で居続けようとすると、そのうちに不都合が生じてしまい、不安や不適応感が高まります。

成人脳性まひ者への臨床動作法の適用に関して、香野（一九九八）は、成人の脳性まひ者に対して臨床動作法を適用していく中で、「成人の動作訓練は、今まさに、トレーニーが持っている特性、目標をトレーニーが主体的に取り組み解決していくという生涯発達の視点を持つことが重要である」と指摘しています。さらに、服巻（二〇〇四）は脳性まひ者への動作訓練について、「成人脳性まひ者にとっての動作訓練へのニーズには、生活に根ざした切実なる動機づけが含まれ、それらは自らの生活を少しでも楽にしようとする主体的努力の姿勢を示している」としています。

このように、成人脳性まひ者にとって自身のからだや動作の問題は生活や生き方においてとりわけ重要なテーマとなります。日常生活でも特に自身のからだを意識して生活することになりますが、意識しているからこそ、その変化に対する不安や戸惑いも大きなものとなります。

そのため、成人脳性まひ者は、そのからだや動作を通して、まず、自分自身がどのような状態にあるかということに気づくこと、さらに、その変化に伴い自分というもの（自身の生き方や努力の仕方）を調整していくという作業がこころの中で行われる必要があるといえます。

臨床動作法の取り組みの中では、成人脳性まひ者による動作課題を通した主体的努力の試行錯誤の中に、前述した自己を調整する過程があり、そこに援助の必要性があるといえます。

実践方法について

成人脳性まひ者とともに動作法を行う際には、動作改善のみならず、心理的活動の活性化など本人の体験や生き方にも効果が及ぶことが望ましいでしょう。しかし、実践の場では、彼らとの動作法の取り組みがからだの緊張が弛んだかどうかのみに終始してしまうことがしばしば見受けられます。また、その動きの硬さが顕著であるために、他動的なリラクセイション課題ばかりを行ってしまいがちです。

もちろん、リラクセイション課題も重要ですが、単にからだが楽になったというだけではなく、動作課題を通して彼らが試行錯誤していくプロセスで、「自分のからだってこうだったんだ」「そういえば自分はいつも力が入ってしまう」「よくこういう姿勢をしている」などといった実感に基づく気づきや、長い間、動作法を経験していたとしても、いつもとは違う新鮮な、生き生きとした体験が得られるように援助を進めていくことが重要です。このような気づきと自己の振り返りがなされることで、心理的にも安定が得られると考えられます。

具体的には、動作課題のうち、踏みしめや重心移動、歩行など動作制御課題を用い、彼らが自らの動きに意識を向けやすいよう援助を工夫することが重要と思われます。動作制御による試行錯誤を通して彼らは自身や自身のからだの動きについてさまざまな体験や気づきを得ることができます。その際に、援助者の役割は援助することで彼らが「動ける」ようにするのではなく、「動けるようになるプロセス」を援助するといえます。

成人脳性まひ者支援における臨床動作法には、自己の気づきが重要であり、彼らの主体的努力による試行錯誤のプロセスを援助することと前節において述べました。実際に筆者が担当した成人脳性まひ者との臨床動作法を適用した二つの事例を紹介し、その意義について述べていきたいと思います。

■事　例①

――からだの慢性緊張により外出時の歩行困難を感じるようになった四〇代男性

概　要

四〇代男性のA氏は小学校の時に動作法を始めました。その後、就職すると、日常生活が忙しくなり、訓練会に参加しなくなりました。しかし、日々の仕事からからだの緊張が強くなり、歩行が不安定になるなど、さまざまな不自由が現れ始めました。そこで、地域の動作法の月例会への参加を始めました。さらに、その他に動作法の機会を探し、筆者との動作法を開始しました。

面接開始当初の主訴は「外を歩く時、足が前に出にくい。特に右足が気になる。自分のからだを意識せず歩けるようになりたい」でした。また、見立てと方針は、以下の通りです。

・全身の硬さがみられるが、特に立位時、右股関節が伸展しにくく、結果右腰が反ってしまう。
・「家の中では楽に歩けるが、外では歩きにくくなる」など、からだの慢性緊張のみならず、否定的な自体イメージが歩行時の困難感を強めている。

そこで、まずは、右股関節を中心にリラクセイションを行い、その後、重心移動や歩行課題を行い、「右足のことを意識せずに歩けるようになりたい」という主訴の改善を目指すことになりました。

経過

面接は一回六〇分、週に一回の頻度で行われました。

近況を確認すると、外での歩きにくさを訴え、「転んだら痛いのではないか」という気持ちがあるため、「足が前に出ない」とふり返っていました。歩行時には、右側の股関節の違和感を訴えていました。一歩一歩と確かめるように歩いてもらうと、右足に重心を移す際に右側の股関節を伸ばせずお尻が引けてしまい、バランスを崩しやすいようでした。そのほか、全身に慢性的な緊張がみられたため、まずはリラクセイション課題を十分に行い、歩行課題で緊張状態が改善したかを確認するようにしました。

面接当初、硬さが顕著にみられる回では、A氏と話し合い、リラクセイション課題を多く設定し慢性緊張を弛めてもらうことを中心に進めていきました。すると、A氏は一つひとつの動きは良くなっているのですが、歩行課題を行うといまひとつ安定せず、依然としてバランスをとりにくいようでした。

これまでの経験から、A氏はからだを弛める課題を行うことが多く、リラクセイション課題への取り組みはとても上手で、からだの感覚に注意を向けて緊張を弛めていました。もちろん、リラクセイション課題によってある程度は歩行がスムーズになるのですが、それだけでは緊張状態が変化したからだをうまくコントロールすることが難しく、歩行時の不安定さが軽減されにくいようでした。

そのため、筆者とA氏とで再度話し合い、リラクセイション課題にかける時間を短くし、立位や歩行での安定を促すために、立位での膝の曲げ伸ばしによる踏みしめ課題などを行うことにしました。

筆者が「膝を曲げ伸ばししてみましょう」と伝えたところ、「こう?」とA氏はすぐに応じました。足首の硬さがあるためか、徐々に姿勢が後傾してしまうため、筆者はA氏の腰に軽く手を添え、お尻が引けてこないように援助しました。すると、膝を深く曲げると足首の硬さのために踵が浮いてきました。「まずは、しっかり踏みしめるところから始めましょう」と伝え、まずは少しだけ後傾したところから、自分で重心を少しずつ前に移していくよう援助しました。すると、A氏は何度か重心を前に移したり、後ろに戻したりしながら自らの踏みしめる感覚を確かめていました。

また、膝の曲げ伸ばし課題ではただ膝を曲げるだけではなく、左右に曲げた後、膝をぐるっと一周回すように動かしてもらいました。これは、足首の状態と重心移動を詳細に確認するためです。すると、A氏はゆっくり行うとバランスが崩れてしまいうまくいかないと感じたのか、膝をすばやく動かしながら「これがなかなか難しい」と言いました。「特にどの辺が難しいんですか？　反対は？」と筆者は尋ねながら、反対周りでも試しましたが、細かく感じとることは難しかったようで、「どっちもおんなじくらい」と、感想を述べました。筆者は「少しゆっくり確かめてみましょうか？」と伝え、今後はゆっくりと膝を回すよう提案し、そのためにA氏に生じる上体のふらつきは筆者ができるだけ少ない援助で支えるようにしました。すると、A氏は慎重に膝を動かしていましたが、右足に重心がかかった際に踵が浮いてしまい、バランスを崩しそうになり、それを意識したA氏はより慎重に動かしていました。課題後にA氏は「ここが難しいみたい」と、その後も何度も同じ動きを自ら試してみながら納得している様子でした。

その後、右足首のリラクセイション課題を実施した後で再度、歩行課題を行いました。A氏は右足を出して重心を移す際に、より慎重に踏み出すようにしていました。合わせて、筆者から「右で踏む時、親指の感じに注目してください」と伝えると、A氏は「こう?」と言いながら、全身のバランスを意識しつつ、足の裏の感覚に注意を向けながら重心の位置を調整しました。数歩進めながら、「うん。そのほうがいい。違うね」「こっちのほうが安定する」と満足そうに語る様子がみられ、新しい気づきを得ているようでした。

■事　例②
——八カ月の入院後に慢性緊張によりからだが動かせなくなってしまった三〇代女性

概　要

三〇代女性のB氏は、幼少期より動作法の訓練会に参加していましたが、高校の頃から学業などの理由で訓練会への参加をやめていました。その後、就職した頃から、からだの疲れがたまりやすくなり、仕事を始めて三年目のある日、通勤途中に転倒し八カ月ほど入院生活を送ることになりました。入院生活が長かったためか、退院する時にはベッドから自分で起き上がれないほど、からだが動かせなくなってしまいました。そこで、B氏は前任者との間で動作法による面接を開始し、その後、筆者が引き継ぐことになりました。

面接開始当初の主訴は「からだを弛めたい。真っ直ぐ立てるようになりたい」というものでした。また、見立てと方針は以下の通りです。

・全体的な硬さ、特に、左股関節周辺に強い緊張がみられ、股関節を伸展させにくいようである。
・B氏は主に椅子坐位か立位（つかまり立ち）姿勢をとりながら日常生活を送っていた。中でも特に、職場ではつかまり立ちで移動する機会があり、その際は介助もいないので、B氏にとって、立位姿勢でのからだの動かせなさを感じることは強い不安感を生じさせるものだった。

そこで、慢性緊張へのリラクセイション課題を行うだけでなく、立位課題を行うことによって、立位姿勢を安定させることにより、日常での不安感を軽減し、B氏の心理的安定を目指すこととしました。

経過

面接は一回九〇分、月に二回の頻度で行われました。

B氏は「立った時に腰が曲がって、くの字で立っているような状態。あと左足で踏ん張れない」と主訴について語りました。リラクセイション課題では、全身に硬さがみられ、B氏は緊張を弛めにくい様子でした。特に左の腰、背中の辺りが屈曲しており、「先生に触ってもらって初めて硬いということが分かる」と、からだの感じが分かりにくいようでした。課題中も、「今職場でもしこけたら、あんまり考えたくないけど、そうなった時、何か椅子につかまって起き上がるというのを病院でやっているんです」などと語り、B氏のからだへの不安感とその不安に必死で何とかしようとする姿がうかがえました。

立位課題の際、B氏の重心が少し左に流れたところで、B氏は「この辺で両方に乗っている感じがします」と語り、筆者はB氏の姿勢のゆがみを感じました。また、左股関節が伸びにくくお尻が引けているために、左足で踏む感じが分かりにくいようでした。B氏はいつも「股関節の硬さが気になる」と語りました。

膝立ち課題では、ゆっくりB氏が股関節を伸ばしていくのに合わせながら、筆者は後ろからB氏の肩に手を添えて、思いがけず前に倒れることがないように援助すると、B氏はゆっくりと股関節を伸ばしていきました。その際、B氏は顎が上がりやすく、背中や腰を反らすような力が入りやすい状態でした。そのため、B氏は気を抜くと前に倒れそうになってしまい、必死に自分のからだを支えようとしていました。その後も何度か取り組んでいると、膝立ち姿勢では左右に重心が移ってしまい姿勢が崩れることは少なくなりました。

これまでの取り組みでは、B氏は立位歩行に対する意欲が高く、その動きの硬さも自覚していました。そのため、B氏としては動きの硬さのために「リラクセイションをしっかり行わなければ」と感じていました。しかし、B氏はリラクセイション課題中の体験が「痛い、硬い、少し楽」に終始してしまうことが多かったため、よりさまざまな体験を促すために、立位姿勢で壁につかまり、左右の踏みしめや重心移動といった動作制御課題を行いました。

まずは、立位姿勢で左右に重心移動し、踏みしめを行い、腰や股関節の動きのコントロールを確認しました。B氏が自らとった姿勢はやはりお尻が引けて、背中も屈曲していたため、「上体を起こし、股関節を伸ばしましょう」と筆者は伝えました。B氏は自分なりに上体を起こそうとしましたが、そのままでは姿勢がやや前傾しており、十分に力が入りにくいようでした。筆者が「もう少し、後傾しましょう。ここだとどうですか?」と尋ね、重心がからだの真ん中にくる位置を示すと、B氏は上体を起こす動作が楽になったようで、「ここのほうがいい。だいぶ伸びやすい」と語りました。また、B氏が苦手としている左足に重心を移すと、「からだが重い。力が入りにくい。そういえば、あんまり左にだけ体重を乗せることが少ない」と、自身の体験を語りました。

また、B氏は膝を伸ばす動きはよく出ていたのですが、それに連動するように股関節があまり動いていなかったため、筆者は膝の屈伸動作にだけ意識を向けるのではなく、骨盤を意識しつつ股関節を伸ばすように動かすことを提案しました。この時できるだけ身体的な援助は少なくし、B氏本人が自身のからだをコントロールしてもらうことで、「どういう動きであれば可能なのか」、「真っ直ぐに保つためにどう努力すればよいのか」を、B氏が試行錯誤できるよう余計な援助を控えることを意識しました。また、B氏が難しいと感じているところでは一時的に姿勢が安定するよう筆者がB氏のからだを軽く支え、姿勢が安定したところで、さらにB氏本人に自分のからだを動かす努力を促すことを繰り返していきました。すると、B氏の股関節の動きは次第によく伸ばせるようになってきました。それに伴い、右の股関節と同じように左の股関節も伸ばそうとすると途中で左の股関節の動きが止まり、そのまま腰が回転するように重心が外に移り、姿勢が崩れていくという自身の動作の特徴をはっきりと感じることができ、「ここまでいくと左の動きが右の感じと全く違う」と左右の差についての実感を語りました。

その後、歩行課題を行うと、今までは倒れないようにと努力するために上体をかがめて応じようとしていましたが、「できるだけ上体を起こして」と筆者が伝えると、股関節を伸ばし上体をしっかりと起こすことができ、軽い援助で次の足を前に出すことがみられました。課題後、「今まで杖をつく時と同じように上体をかがめてたけど、上体をできるだけ起こしたほうが力を入れやすいことが分かった。これからいろいろ試してみたい」などと、これまでの自身の動きをふり返り、新たな気づきを得ることができました。この頃から、決まったリラクセイション課題を行わずとも立位課題にスムーズに取り組む様子がみられ、また、課題の中で積極的に新しい動きに取り組むようになりました。

援助をふり返って

臨床動作法では、動作者の主体的努力がより良いものになるように援助者は援助していくことが重要であるといわれています。つまり、援助者の行うべき援助は動作者のからだを動くようにすることではなく、動作者があれこれと自身のからだを動かす中で気づきが得られ、より主体的で適応的な努力を引き出すこととなります。しかし、成人脳性まひ者との動作法の取り組みにおいて、しばしば援助者が他動的な援助を行ってしまうことがあります。そうしていると、援助者は、動作者の身体機能や運動機能ばかりを評価してしまう危険性がありますし、動作者は受け身的に援助者の指示に応じる体験が多くなってしまい、課題への積極的な姿勢を妨げてしまう可能性があります。

A氏の場合では、膝の曲げ伸ばし課題において、ゆっくりと自分のからだを動かしながら確認していくというやり取りが、またB氏の場合では、ご本人の考える姿勢と援助者が良いと感じる姿勢をそれぞれ確認しながら調整していくというやり取りが、それぞれ動作者の積極的な姿勢を引き出すことにおいてポイントでした。そしてこのことは、A氏にとっては「歩行時の適切な重心移動への意識」と「歩行時の不安の軽減」に、また、B氏にとっては「立位姿勢のゆがみの気づき」と「新しい試みを自ら提案するという主体性の促進」という、プラスの影響をもたらしました。

このように、成人脳性まひ者への臨床動作法による援助においては、動作制御課題を設定し、ご本人のからだの動かし方を試行錯誤する過程の中で、ご本人の主動によって自らの動作に気づきが得られるように寄り添うことが重要です。

文　献

服巻豊（二〇〇四）タテ系動作訓練における見立てと動作課題の設定：歩行改善を目指した脳性まひ者との動作訓練を通して『リハビリテイション心理学研究　三二巻』六五～七七頁

香野毅（一九九八）脳性マヒ者に対する動作法の適用『リハビリテイション心理学研究　二六巻』一～八頁

実践6
成人脳性まひ者への臨床動作法（Ⅱ）

柳　智盛

援助対象と実践方法

臨床動作法による、成人脳性まひ者の生活支援とは

臨床動作法が一九六〇年代から脳性まひ児の動作を改善するために開発・展開されてきて、さまざまな障害に対して適応されてきたことは言うまでもないと思います。また、すべての臨床動作法の臨床場面で行われている活動について、セッション中で生じている体験とその仕方が日常生活に影響を及ぼすという成瀬（一九九五）の考えに立ち、臨床動作法が臨床場面の効果と日常生活場面の間で関係があり、動作上の変化が生活のしやすさにつながったという報告が多くなされてきました。

しかし、成人脳性まひ者の生活場面の現状からは、障害程度によって日常生活の状況はさまざまでありますが、成人期に入ってから「以前よりからだが硬くなった」「今までできた動きができなくなった」「からだを動かす機会が少なくなってきた」などの訴えをよく聞くことがあります。その方々の中には学齢期まで親に連れて来られ訓練を受けてきたが、成人になって自立した生活や仕事の忙しさの理由で一時期訓練から離

れたものの、からだのきつさに自ら気づき再び訓練を求めて来られる方も少なくありません。また、重度の脳性まひ者の場合は学齢期までは臨床動作法の訓練場面以外でも学校などで日常的にからだを動かす機会がある程度確保できてきたものが、成人期になると教育のサービスから介護のサービスに代わることにより、日常的な訓練を受けられる機会が限られてくるのが現状として挙げられます。さらに、重度脳性まひ者の中には作業所や施設などで一定の姿勢で長く過ごされることもあり、からだがますます硬くなり動きにくくなることが日常の生活場面にも主体的な動きの減少にも影響を及ぼしていると考えられます。

また、成人脳性まひ者への生活支援を考える際に、脳性まひ者が成人期の年齢になることと共に親の高齢化の問題も同時に考えていかなければならないと思います。香野ら（二〇〇六）の研究では、トレーニーの動作の変化は障害をもつ人の個人内の変化にとどまらず、共に生活し介助を行う家族（介助者）に拡がりをみせていると指摘していることから考えても臨床動作法が成人脳性まひ者の生活支援を支える一つの援助方法であることは違いないと考えられます。特に重度の成人脳性まひ者の場合、日常生活の中で介助する側の親からは、「今まで抱えられたのが重くなって抱えきれなくなった」「腰を痛めてしまった」「膝が痛くなってちゃんと支えきれなくなった」などの介助の困難さと今までできた介助ができなくなるのではないかという焦りにより、日常生活においても子どもに対してより協力的で自発的な動きを求められておられるのではないかと感じられます。したがって、障害者本人への援助がその方と共に生活している家族への援助にもつながっていると考えられ、成人脳性まひ者への生活支援における臨床動作法の実践の意義が問われると思います。

これらのことから本稿では、四歳の時から三六年間臨床動作法を続けてこられた脳性まひの障がいをもつ四〇歳の男性（以下Aさん）を後述する事例で紹介し、成人脳性まひ者の主動的で能動的な動きを引き出すような援助により、その方の主体性に焦点を当てた臨床動作法の訓練課程が、日常生活場面にはどのような影響を及ぼしているのかをみていくことで、成人脳性まひ者の生活支援のあり方について考えていきます。

■事　例

――高齢の母親がいる脳性まひ者の、動作法による生活支援

支援方法

Aさんへの臨床動作法の訓練課題としては、一般的に大きく三つに分けられる訓練課題を基本として行われました。すなわち、リラクセイション課題として「躯幹部の弛緩課題、首・肩の弛緩課題、股関節の弛緩課題」など、タテ系課題として「坐位姿勢、膝立ち姿勢（片膝立ち姿勢）、立位姿勢、歩行姿勢」など、動作のコントロール課題として「肩の上げ下げ課題、腕上げ課題」などが挙げられます。

また、本事例でのタテ系課題においては、臨床動作法のタテ系課題の基本手順にならい「形つくり」「主動化」「節づくり」「左右（前後）の踏みしめ」という共通の手順で行われました。さらに具体的な実践方法については、主に行われた訓練課題を姿勢課題別に、「仰臥位姿勢」「坐位姿勢」「四つん這い姿勢」「膝立ち姿勢・片膝立ち姿勢」「立位姿勢・歩行姿勢」に分けて、次節以降で詳述します。

概　要

先述したように、三六年間の臨床動作法訓練歴をもつAさんに対して、より主動的で能動的な動きを引き出すことをねらいとして行われた事例です。その主体的な動きが訓練場面においてももちろんのことですが、

日常の生活場面においてどのように活かしていけるかを求められることになると思います。それは、筆者が担当した当時、Aさんの主な介助をしてこられたお母さまが退職をされ、時間的な余裕もできたことで、将来お母さまの体力の衰えにより介助が難しくなった時を考え、今できることをさせてあげたい強い希望からでもありました。このようなお母さまの思いから、Aさんが電動車いすに乗り換え一人で移動を試みている最中の時期でもありました。したがって、本事例においては訓練課程の経過を通して、電動車いすの操作を含む日常の生活場面にどのような変化をもたらしたのかについてAさんの主体性に焦点を置いて記述していきます。

まず、筆者の担当当時のAさんの身体的特徴としては次のような状態でした。

・右凸の側彎が強い。
・股関節の硬さより、股関節の内転内旋の緊張が強い。
・寝返りはゆっくり時間をかけると可能。
・あぐら坐位姿勢では、自力では不可能。あぐら坐位姿勢をとらせ後ろに誰かいる時は前屈の形で坐れるが、後ろに誰もいなくなると、股関節に緊張が入り後ろに倒れてしまう。とんび坐りであれば、後ろに誰もいなくてもある程度長く坐れるが、何かの音に反応した時は後ろに倒れることが多い。
・膝立ち姿勢では、一人立ち不可能。膝のブロック・腰・肩の援助により姿勢つくりは可能。しかし、援助を外そうとすると、右股関節が硬く引けの緊張があり出しにくいので、左股関節の突っ張る力で腰を出そうとする。そのため、左のほうに重心が流れてしまい、右膝が浮いて連れてしまうので、両膝のブロックが必要。また、肩や腕のほうにも緊張が強く出てしまい、その緊張を抜くように促すと腰の力も抜けてしまう。

・立位姿勢では、一人立ち不可能。膝・腰・肩の援助による姿勢つくりでも、足首の硬さで足裏がつかないこと、膝裏の硬さで膝が伸びないこと、左股関節の突っ張りと右股関節の引けが強く出ること、側彎の緊張と肩回りの緊張がある。そのため、両足先で左股関節を突っ張ってからだ全体を大きく反るような形で立ってしまう。

・その他の特徴としては、Aさんの姿勢緊張は坐位姿勢でも挙げられたように、援助をしなくても後ろに誰かいると、前屈姿勢ではあるが、ある程度坐れる。しかし、誰もいない場合は同じ姿勢でも緊張が出やすいことから、いつも後ろで支えてくれる人がいない状況への心理的な不安も大きいと考えられる。また、音に敏感に反応すること、涎が止まらないことを挙げられる。

経過

[仰臥位姿勢での課題]

側臥位での右側彎の弛めと肩回りの弛めを行ったうえ、肩回りのコントロールを行いました。特に躯幹部を動かそうとすると腰からではなく左肩で動かそうとするため、左凹肩甲骨下のところに反りの強い緊張がありました。そのため、躯幹のひねり課題を行う際には、左凹の反りと反対方向である斜め上方向にAさんの手を伸ばしてもらい、反りの力と逆方向に力を入れては抜いてもらうことを繰り返し行うことで右凸肩甲骨下の反りの緊張が抜けていくことを促していきました。Aさんのように、躯幹部に側弯がある方の場合は、躯幹のひねりの際に動かしていく方向によって緊張や反りを強化してしまうことになります。最初に本人の動かし方や力の入れ方を確認したうえで、動きの方向を促していく必要があります。また、腕上げ課題では肩回りの弛めと腕のコントロールをねらいとして行いましたが、まずはAさんの主動的な動きの範囲内でいかに肩や肘に余計な緊張を入れず楽に動かしていけるかに焦点を当てて行いました。腕上げ課題は、緊張や硬さにもよりますが、Aさんのように不随意の筋緊張が出やすい場合は、肩と肘に手を当て動きを促しながら筋が出た際には動きを止めてその緊張を抜くように待ってあげるような援助を行います。そうすることで、自分のからだを動かす際の「努力」の仕方に意識を向けさせることになり、誤動作に対して自ら意図通りの動きに修正していくことにもなります。さらに、仰臥位では仰向けで脚の曲げ伸ばしを通して股関節回り、膝裏、足首の弛めと共に脚を伸ばしていく動きの中で膝裏を自ら伸ばしていくように促していきました。しかし、左右の脚を分離して動かすことは難しく、両脚に同時に力を入れてしまうことと、股関節の内側に緊張が入りやすいため、まずAさんには仰向けの姿勢で脚の力を抜いてもらい、筆者が他動的に膝と股関節を曲げて膝を胸のところまでもっていきます。それから、Aさんには脚をゆっくり蹴るような動作を促します。そのAさんの蹴る動きの逆の方向に軽く負荷をかけながら膝の内側をブロックしてあげ、今動かしている脚のほうにより意識させることで、徐々に左右を使い分けた動きがみられるようになりました。

［四つん這い姿勢での課題］

四つん這い姿勢での課題は一般的に腰・股関節の動きのために行うことが多いですが、本事例においては腰回りの動きというより、肩回りと腕の使い方に重みを置いて行いました。これはAさんが電動車いすに乗り始めたことで、腕のコントロールをねらいとしました。四つん這い姿勢をとらせるだけで、手はグーにし、手首を内側に曲げ、肘と腋が伸びにくくなるような緊張が強く出ました。そのため、最初は腰・股関節のほうをしっかりブロックし、肘を床につけた状態で手と手首の緊張が抜けるまで少し待ってあげ、掌を床につけた状態から筆者の他動的な援助に合わせてＡさんも肘の曲げ伸ばしを行いながら弛めていきました。そのうえ、「手ー肘ー肩」が一直線上の状態で援助の手をゆっくり放していくと、左右の差はありますがしっかり踏ん張る力が少しずつ出始めました。腕の踏ん張る力が出たところで主動での肘の曲げ伸ばしを行いますが、特に曲げていく際にガックンと力を抜けるのではなく、ゆっくり曲げていくような動きを促していくことによって、腕のコントロール感を向上させることにもつながりました。つまり、肩から掌（床面）までの軸の中で自分のからだを支えながら肩と腕の緊張をＡさん自らコントロールすることで、より自分のからだに意識を向けた体験ができることになります。

［坐位姿勢での課題］

Ａさんにあぐら坐位姿勢をとってもらうと股関節の内側の緊張が強く出て、腰も後ろに落ちてしまうため、あぐら姿勢の保持ができず後ろに倒れてしまうことが多いです。Ａさん自身も倒れないように踏ん張ろうとしているものの、結局股関節の内側に力が入ってしまい両膝が上がって腰が落ち、後ろに倒れてしまいます。また、右凸の側彎が強く、右凸のところを後ろに引き、力で上半身を起こそうとするため、さらに腰が後ろに落ちてしまいます。

まず、あぐら姿勢で股関節の内側に入る緊張をじっくり弛めることによって、腰回りが動きやすい状態にすることを最初のねらいとしました。緊張がある程度とれてきたら、次は左臀部に重心を乗せて左の軸をつくっていくことです。Ａさんは右凸左凹で、上半身を起こす時は右凸を後ろに強く引くような力が出やすいため、左軸をつくる際は左軸よりもやや左に傾いた状態で右凸を引く力ではなく、左凹を伸ばしていく感じをもたせることがねらいでした。左凹を伸ばす動きを出すためには、左臀部で床をしっかり踏まないとできない動きでもありますので、Ａさんの動きに合わせて左凹を伸ばす力が一番出しやすい状況をつくってあげることが大事なことであります。

お尻に自分の体重を乗せ踏みしめることができるようになりますと、肩のほうの軽い援助でもＡさん自らの力で腰を少し落としたり立てたりする動きがみられるようになりました。今まではあぐら姿勢の前屈から上半身を起こす課題をする際、後ろに倒れそうになると右凸を後ろに引きながら股関節の内側に力を入れてしまいそのまま後ろに倒れてしまいましたが、左臀部で踏みしめて左凹を伸ばす動きと腰の入れ落としの動きができるようになったことによって、右凸を引く力ではなく腰を少し落とすような動きを出すようになり、股関節の内側の緊張も出さないで自らバランスをとれる様子がみられました。あぐら姿勢では援助がない状態でも真っ直ぐの姿勢までとはいえないものの、上半身を起こした姿勢で自ら腰でバランスをとりながら姿勢を保てるようになりました。しかし、筆者が横と前から姿勢を確認するため、Ａさんの後ろから横のほうに援助の位置を変えようとした瞬間、先ほどまでは出なかった股関節の内側の緊張が急に出てしまいました。実際に援助の位置を変えず、口頭で伝えても同様な緊張がみられました。

援助がない状態でもあぐら姿勢での動きがだいぶ改善されたにもかかわらず、後ろに誰もいない状況で現れる緊張というのは、普段の生活場面や訓練場面においてＡさんが「坐っている際には常に誰かが後ろで支えてくれたはずの存在がなくなった」ことへの不安からくるものだと考えられました。そして、あぐら姿勢での腰の動きはＡさん自らやっている動作であることとして主動感をより体験・実感させる必要がありました。弛め課題・踏みしめ課題・形つくりの課題の後は必ず援助を外したうえで、筆者の援助の場所も後ろから横または正面からの声かけを行いました。筆者が後ろで援助する時より、余計な緊張は出やすくはなり、最初は一度入ってしまった緊張を抜けきれずそのまま後ろに倒れてしまうこともありました。しかし、次第にその緊張に対する力の抜き方や姿勢の保持のための腰の動かし方を体験することにより、自らコントロールしながらあぐら姿勢を保持していく様子がみられるようになりました。坐位姿勢の課題を通して、Aさんは側彎が十分伸びきれないこともあり、真っ直ぐの姿勢ではないですが、自分のお尻でしっかり床を踏みしめ、腰を自ら立てた状態で坐っているという実感を課題の中で十分体験できているのではないかと思います。

まとめると、Aさんの坐位姿勢での左右の軸つくりは、側彎の特徴から①あぐら姿勢をとらせる。②左凹の方向に上半身を傾ける。③左臀部を起点として左凹を伸ばすような動きを促しながら、左臀部から肩までの軸をつくっていく。④「③」の援助の際に、右凸から左臀部の方向に負荷をかけ、左臀部の踏みしめを実感させる、という流れで行っています。

［両膝立ちと片膝立ちの課題］

援助により膝立ち姿勢の形をつくっていくと、右股関節の引けの緊張が強く、左股関節前の突っ張る力で膝立ちの姿勢をとろうとするため、からだが左に流れてしまいます。また、右凸の緊張は坐位姿勢ほど強くないですが、腰からの上半身のコントロールが難しいため、膝立ち姿勢で他動的に形をつくったとしても援助を外せず主動的な動きを求めるのは難しいです。また、膝立ち姿勢をとる際には必ず前から膝をブロックしないといけない状況でした。主な課題としては、左右に重心を乗せて膝でしっかり踏みしめることで、左右の股関節を正しく使えることをねらいとし、膝立ちと片膝立ちでの課題を並立して行いました。

最初は、右股関節の引けの緊張がとりにくく、膝立ち姿勢で形つくりも難しかったため、膝立ち姿勢で左右に重心を乗せ踏みしめることで徐々に股関節の緊張をとっていくこととしました。しかし、援助による踏みしめの際は緊張がとれたものの、重心を真ん中において自ら踏みしめを行うと股関節の引けの緊張は強く出てしまいます。

　ここで、片膝立ち姿勢での課題を導入することにしました。訓練を進めていく中でAさんの股関節回りの緊張や動きがだいぶ改善されたうえの導入であることを前提とし行いました。左右の踏みしめをより感じやすい課題姿勢として、踏ん張る力を出しやすくなり、特に右が軸脚になった時の股関節の引けの力をタテに変えていくことによって躯幹部も軸脚にしっかり乗せるようになりました。さらに、片膝立ち姿勢での軸脚から出し脚への重心移動では、出し脚の内側に入ってきた強い緊張も次第に出し脚で床を踏む力に変えていく様子がみられました。軸脚ではからだ全体を乗せて踏みしめることと、出し脚では重心が移ってきた際にしっかり踏みしめるような左右の脚を分離して使うことが徐々にみられるようになりました。この片膝立ち姿勢での課題は、両膝立ち姿勢での課題においても、左右に異なって現れる緊張にしっかり対応しながら膝立ち姿勢をつくっていくことへとつながり、今まで外せなかった前からの膝のブロックもない状態で膝立ち姿勢をとれるようになりました。まだ右股関節の引けの力は多少残っているものの、指二本程度の少ない援助でとんび坐りから立ち上がる際には自ら左に流れる動きを止め両膝でしっかり踏めるようになり、腰と股関節をコントロールして使う様子でありました。また、今までの膝立ち姿勢の直姿勢保持の際には、前に倒れそうになった時は股関節を引いてバランスをとろうとした動きが、逆に股関節を出しながら肩を後ろに移動し腰の上に躯幹部を乗せようとする動きに変わっていく様子もみられました。膝立ち姿勢においては、右凸が完全に真っ直ぐになりにくい問題を抱えたうえで、Aさんなりの直姿勢を定着していくことによって より主動的な動きを促していくことにしました。

　まとめると、Aさんの両膝立ちと片膝立ち姿勢での課題は、①両膝立ちで左右に重心を載せ、股関節の緊張をとる。②片膝立ちで、軸脚から前出し脚のほうに重心移動で踏みしめを行う。③両膝立ちで股関節の曲げ伸ばしの動きを確認する。④両膝立ちでの直姿勢の保持を確認する。⑤とんび坐りの姿勢から膝立ち姿勢までの立ち上がりの動きを行う。⑥「③、④、⑤」の課題の際、股関節を前に伸ばしていく動きへの援助、肩が腰の上に位置するような援助を行う、という流れで行っています。

[立位姿勢と歩行姿勢での課題]

Aさんに立位姿勢をとらせると、膝裏と足首の硬さがあるため、右股関節の引けと左股関節の突っ張りの緊張が強く出てしまう状態でありました。膝裏と足首の硬さは仰臥位での弛め課題を通してだいぶん弛めを行ったにもかかわらず、立位姿勢になると緊張がなかなか抜けきれず、緊張を抜くように促すとからだ全体の力が抜けてしまうことが多かったです。

そのため、筆者は腰・肩と膝を援助しながらAさんの「踵－腰－頭」が一直線上になるように形をつくってあげ、Aさんには膝を少し曲げては伸ばす動きを繰り返し求めました。特に曲げた膝を伸ばす際には、Aさんの膝の動きに合わせて膝裏を伸ばしていく援助を行うと同時に床の方向にも軽く負荷をかけてあげることで、Aさんが足裏で床をしっかり踏みしめている体験を得られるような援助を行いました。最初は膝を伸ばすために股関節を前に突っ張るような力を入れてしまい、踵が浮いてしまうことが多くみられましたが、次第に股関節の突っ張る力がタテ方向に入るようになり、踵がついた状態で床を踏みしめながら膝を伸ばすようになりました。筆者の援助も膝・腰・肩の三つのところから腰のみの援助でも膝の曲げ伸ばしの課題ができるようになり、数秒ではありますが援助の手を放せることも可能になりました。

援助の手が少しでも離せるようになったところで、Aさん自ら立つことをより体験させるために立位課題の最後には壁立ちでの立位姿勢の保持を行うことにしました。踵はできるだけ壁に近い位置に置き、腰のところのみ壁につけるような形で立位姿勢を保つように促しました。今まではAさんのいろんな緊張や動きに合わせた筆者の援助の手の代わりに固定の壁になったことによって、Aさんはより自分のからだの緊張や動きに意識が向くようになり、自分でバランスをとるためにより踏ん張らなければならないことになります。左右に倒れないようにするために両脚で力を調整しながら踏ん張っている時には喜びの笑顔もみられるようになりました。

また、歩行の課題では、後ろまたは横からの援助の状態で脚を片方ずつ出しながら、出し脚への重心移動と重心を乗せてからの踏みしめを行いました。坐位・膝立ち・片膝立ち・立位での腰と股関節の動きの改善の成果もあり、乗り脚から出し脚のほうに重心を移していく際には股関節を出しやすくなっていることと、出し脚に重心を乗せた後、乗り脚を前に出していく時に脚が引っ掛かることがなくなって、より安定した状態での歩行が可能になりました。しかし、歩行においては自ら立つことが難しいため、歩行の際にいかに援助を軽くしていけるかということと、それによってAさん自身がいかに姿勢を保ちながら自らの脚で踏ん張れるかに焦点を当てて訓練を進めていくことが大事です。

以下、まとめです。まず、Aさんの立位姿勢での課題は、①「踵－腰－頭」が一直線上になるように形つくり。②足裏全体が床につけるようになるため、援助による膝の曲げ伸ばしを通して、正しい股関節・膝の動きを確認する。③中心がズレないように肩と腰を援助しながら、Aさん自ら膝の曲げ伸ばしを行う。④膝の曲げ伸ばしの際に、肩と腰の援助の手を徐々に外していく。⑤両脚で踏みしめながら直姿勢の保持を行う。⑥壁立ちでの踏みしめを行い、両脚での踏みしめをより意識させる。⑦「⑥」の課題の際に、踵が浮いたり、股関節の突っ張る緊張が出たり、股関節を後ろに引く緊張により肩が前に倒れてしまうなどの動きがある場合は、壁立ちをやめて、「②」の課題に戻り再度確認を行う、という流れです。

そして、Aさんの歩行の課題は、①後ろから腰を援助し、片方を前に出した状態で、後ろ脚から前出し脚のほうに重心移動を繰り返し行う。②「①」の課題の際に、股関節をしっかり出しながら重心移動を行うことを意識させる。③重心移動の後に、軸脚になる脚の踏みしめを意識させる。④軽い援助による歩行を行う、という流れです。

援助をふり返って

本事例を担当した当時、Aさんは電動車いすに乗り始めて間もない時期でした。電動車いすのコントローラーの操作はできるものの、腕に緊張が入りやすい状態で少し動かしては手が離れて止まってしまうことが多かったです。また、車いすでの姿勢が崩れやすく、視野が十分確保できていない状況での操作でもあり、電動車いすを壁などにぶつけてしまうことも多かったです。訓練過程においては、電動車いすのコントローラーを操作するような課題には直接的に取り組んではいませんでしたが、腕上げ課題での動きのコントロールと四つん這い姿勢では腕での踏みしめを通して、自分の腕で自分のからだを支えている体験を得られたと考えられます。

このように、自分のからだに現れる緊張を自らコントロールしていきながら自分の手を動かして電動車いすを動かしていくという主体的自己コントロールの活動は、成瀬（一九七三）が、ひとにとって重要なのは「動く」ことではなく「動かす」ことであり、これを動作と呼び「主体が意図通りに自体を動かそうとする努力の結果として身体運動が起こる過程」を動作として定義していることにも一致することであります。Aさんの肩回りや腕の動きと坐位姿勢の保持の改善により、電動車いすのコントローラー操作も連続的でスムーズにできるようになりました。さらに、坐位姿勢の改善はAさんの視野をより広げてあげることができ、電動車いすに乗っている時は自分の意志で好きな時、行きたいところに自由に移動することへの喜びと意志表現が十分みられるようになったと考えられます。さらに、自分の涎が気になり始めたのか、前に置いてあったハンカチを口まで持ってきて涎を拭くような動作もみられるようになりました。

また、坐位姿勢の改善は、真っ直ぐの姿勢ではないですが、日常生活において一人で長く坐っていることにもつながりました。いつも誰かが後ろで支えてくれなくても、後ろにひっくり返す不安も抱えずに自分自身で坐っていることが、仰臥位姿勢からタテ系姿勢での第一歩ではないかと思われます。さらに、長年の訓練歴の中で訓練の場においては意思表示がほとんどなく「はい」としか言わなかったAさんでしたが、膝立ち姿勢や立位姿勢の課題においてきつい時には「やめる」、まだ気力がある時は「やる」という意思表示をはっきりするようになりました。それは、膝立ち姿勢を自力で立てるようになった時期と立位姿勢を壁立ちで立ち始めた時期と重なることから、自分の動きやからだの感じをより意識できるようになったのではないかと考えられます。この時期の年賀状にはAさんが一人で壁立ちし、お母さまが撮った写真が年賀状にも載せてありました。壁立ちではありますが、自らの脚で一人で立つため必死にがんばっているAさんの顔には喜びも感じられました。

タテ系姿勢での改善はお母さまがAさんの介助をする際に負担軽減にもつながりました。車いすの乗り降りやトイレ介助などで少しでもAさんの動きを出しやすくするための立位と歩行での訓練に焦点を置いた訓練を続けてきました。その結果、床から車いすに乗る際にはお母さまがからだを持ち上げなくても体操坐りで脚を揃えてあげて腋を軽く支えてあげるだけで、自ら立ち上がるようになり、そのまま車いすまで移動が以前より楽にできるようになったとのことでした。以前よりAさんの主体性が高くなったことは、以前のように介助ができないお母さまの負担改善にもつながった結果となりました。

文　献

成瀬悟策（一九七三）『心理リハビリテイション：脳性マヒ児の動作と訓練』誠信書房
成瀬悟策（一九九五）『臨床動作学基礎』学苑社
香野毅・古川文（二〇〇六）動作法における訓練効果の評価法に関する研究：日常生活を指標とした評価方法の作成から『リハビリテイション心理学研究　三三巻』三～一五頁

実践7
認知症者への臨床動作法

宮里新之介・平山篤史

援助対象と実践方法

認知症者の特徴と臨床動作法でのねらい

認知症の症状には、記憶、見当識、実行機能、言語などの障害（中核症状）があります。これらは脳の器質的損傷に起因する症状です。さらに、中核症状によって、自分の構成する世界と他者の構成する世界のズレ（中島、二〇〇一）が生じることから、周辺症状と呼ばれるさまざまな症状が引き起こされます。つまり、中核症状により現実の世界を正しく認識できなくなることから、日常生活でさまざまな失敗体験、プライドの傷つき、不安、ストレスなどが積み重なり、心理的問題（慢性不安、抑うつ、幻覚、妄想、食行動異常、徘徊、睡眠障害、不潔行為、暴言など）が生じるといわれています。これらは他者とのコミュニケーションを制限し、情緒的な交流を困難にします。そして、ますます疎外感や対人的孤立感を高め、生きる希望や楽しみの喪失、情緒的な感情の表出や感受性の減退を招きやすいといわれています（針塚、一九八八）。

認知症者への臨床動作法では、特に、前述した周辺症状の改善を目的として適用されます。例えば、認知症の症状を伴う緘黙の高齢者（中島、一九八八）へ適用した事例では、援助者の働きかけに対して次第に言葉やからだの動きによって反応を示すようになったことが報告されています。また、脳卒中の後遺症で認知障害や身体障害をもち、情動が平板化している高齢者へ適用した事例（針塚、一九九三）では、自身のからだの感じへの気づきが促されてくると、次第に情動が活性化され、コミュニケーション能力の向上がみられたと報告されています。その他、重度のアルツハイマー型認知症者に対する事例として、睡眠障害の改善や自発的・社会的行動の増加（竹田・井上、二〇〇五）、情動失禁などの情動の不安定さからもたらされる暴言・暴力が改善（宮里、二〇一〇）したという報告がなされています。

以上をまとめますと、臨床動作法では、認知症という障害を抱えながらも、他者との関わりの中で、安心して、その人らしく生きていくことを支援することができるといえます。

臨床動作法の利点

認知症者の特徴についての心理学的な見立てとして、中島（二〇〇一）は、自分の構成する世界と他者の構成する世界のズレが生じている状態であると指摘しています。また、藤岡（一九九三）は、①身体に対して心が行き渡っていない、②自分への対応の柔軟さが乏しい、③共動作といった対他者を想定しての共同作業が難しくなっている、④自発性、自己発現あるいは自己決定感の希薄化、⑤今、ここでの体験への焦点づけが難しい、といった特徴を挙げています。周辺症状の背景には、以上に挙げた心理的要因が存在していると推測されます。

臨床動作法は、「避けようもない現実である自分自身の身体」（中島、一九八八）を通して、動作という「極めて現実的」で「現実検討が求められる」活動（鶴、一九九一）を提示するアプローチであるという点に特徴があります。そのような特徴をもつため、前述した心理的要因に対して、より直接的に、現実的に、共感的に働きかけることが可能となります。針塚（一九九三）は、認知症を含めた言語コミュニケーション能力の低下した高齢者への臨床動作法の有効性として以下の五点を指摘しています。①今の自分自身の状態についてありありと語り合うことができること、②今・ここでの気持ちと自分のからだについて実感を語り合えること、③今・ここでの自分の活動（動作、緊張・弛緩）の評価と共感が得られること、④他者からの働きかけに自発的に対応するようになること、⑤発語および言語的コミュニケーション意欲をもてるようになること。これらの視点は、認知症者の支援において、大きな利点であるといえます。

認知症者に対する臨床動作法の進め方

以上のことから、認知症者支援における臨床動作法の実践では、「自体感（動作感、弛緩感）」を意識化し、課題達成のための努力や達成感、伴う感情を実感し、それを他者に認められ共感できる体験」を提供することが重要であると考えられます。

具体的な関わり方・進め方は、他の対象者への動作法と共通している点は多いかと思いますが、これまでの報告や著者の臨床実践からいくつかのポイントを以下にまとめました。

①動作課題は分かりやすく、明確に伝える。成功体験、達成感を積み上げられる課題設定をする

本人にとって安定した姿勢、安心感のもてる姿勢で「からだに対する気づき」が得られやすい動作課題を設定し導入するのが効果的でしょう。また、達成感や成功感が明確に提供されるためには、対象の認知症者が「できる体験」を得られやすい課題を選ぶ必要があります。簡単すぎる課題や難しすぎる課題では達成感

が得られなくなります。適度な課題を設定する必要があります。

また、声かけも重要です。「上手に動かせましたね！」「力が抜けましたね」「そう！」などの声かけは、認知症者に自分の体験の意識化を促すのに役立ちます。また、適切な声かけは、自分の体験や実感を援助者と共感できる体験につながり、認知症者の安心感や援助者への信頼感を高めるのに役立ちます。

②拒否的態度を示す場合や応答がない場合の対応

これから行うことに見通しがつかないと不安になることも多いようです。日常生活の様子を観察して、初めは既にできている動きを課題にするとよいでしょう。口では拒否的な発言があっても、援助者の働きかけに応じた動きや、からだの弛みをみせることがあります。わずかに出してくれるサインを大事にして、少しずつやり取りを進めていきます。具体的な関わり方の工夫は、後述する事例で紹介しています。

③身体的機能の低下や痛みに対する配慮

からだに痛みがあったり、骨が脆くなっている場合にもその自覚が薄かったり、自覚していても訴えることができない場合があります。よって、どの方向にどの程度まで動かせるか、どのような姿勢までとることができるかという点については援助者が適切に見立て、認知症者が主体的に動き出すことを援助することが求められます。動き出しや動きの方向性は、言葉だけでなくからだを通して具体的に示しますが、援助者が無理に動かしてはいけません。動作課題を明確に示し、本人の動き出しを待ち、本人ができる動きを活かしつつ、少しずつ動きを広げていくように関わります。

■事　例①

――情動が平板化した九〇代女性への臨床動作法の適用

概　要

Aさん（九〇代女性）は施設への入所以前は、旅行や詩吟、唄、三味線などを趣味とし、交友関係も広く活動的な方だったようです。アルツハイマー型認知症と診断されており、要介護度4で食事や排泄は全介助でした。介護職員によれば「日中一人で過ごすことが多く、発語が低下しておりほとんど声を出さない。レクも参加せず、ボーッとしている。破衣行為、脱衣行為や物を噛むことが多い」とのことでした。Aさんは、背中を屈にし、首を前に突き出し、頭が垂れた姿勢で車いすに坐っていました。背中から肩には強い緊張がみられました。また、左右の大腿骨頚部骨折の経験があり、骨も脆いため股関節や脚に負荷をかけるのは危険とのことでした。

援助者がAさんに挨拶をすると視線を向け、周囲の人を追視するなど、他者への反応や関心が全く失われているわけではないようでしたが、他者の働きかけへの応答はほぼみられませんでした。自発的に他者に対して関わることや情動表出もほとんどなく、情動が平板化した状態にあると考えられました。

経　過

援助者はまず、Aさんの趣味であった唄や昔の玩具（お手玉、紙風船、竹笛）でやり取りを試みましたが、お手玉に触れる反応のみであり、相互のやり取りに展開できませんでした。そこで、Aさんに①直の姿勢で坐ることと、②肩のリラクセイションという二つの課題を設定し取り組んでみました。立位での課題は前述した股関節や脚の問題により適切ではないと考えられたため、Ａさんには行いませんでした。

Ａさんとは、週に一回、一五分〜三〇分程の面接を二三回実施しました。「直の姿勢で坐る」課題は、援助者が〈背中を起こして真っ直ぐ坐りましょう〉とＡさんに声をかけても応答しませんでしたので、援助者はＡさんの背後から肩と背中に触れ、〈こう動かしましょう〉と動かす方向を伝えました。また、「肩のリラクセイション」課題は、援助者が他動的にＡさんの腕をゆっくりと上げていき、可動域いっぱいの辺りで肩に緊張が入ってくるので、そこに触れて意識化を促しながら〈ここ（肩）の力を抜きましょう〉と声をかけました。

導入当初、Ａさんは援助者から顔を背けたり、指や袖をしゃぶる活動に没頭したり、援助者の手をつねるなどの拒否を示しました。特に、直の姿勢で坐る課題にはなかなか取り組めませんでした。

しかし、肩のリラクセイションでは、可動域いっぱいまで援助者が他動的にＡさんの腕を上げると、肩の緊張を感じて眉間にしわを寄せ、援助者の腕を押し返す動作がみられました。Ａさんは肩の緊張という自体感に気づき、それにどうにか対応しようとして援助者の腕を押し返してきたのですが、「押し返す」という努力の仕方を、「肩の緊張を弛める」という努力の仕方に変えていけるよう援助するため、援助者はＡさんの肩の緊張が弛むということを意識化してもらうことをねらいとした関わりを行うことにしました。

方法として、Ａさんの肩をゆっくりと上げていき、眉間にしわがよってきたところ（肩の緊張を感じていると推察されるところ）で少しブロックを弛めました。肩の緊張が楽になると眉間のしわがとれ、肩の緊張状態の体験が変わったと推測できたところで〈楽でしょう?〉と声かけによるフィードバックを行い、自体感の変化を意識させることを促しました。すると、Ａさんは援助者を見、口をパクパクと動かす反応をし始めました。援助者はＡさんが肩の緊張が弛められると楽になることを意識化できているのではないかと推察しました。

このようなやり取りを続けて「楽になる」ということを意識化させた後、次の段階としてAさんが「自分で」肩の緊張を弛めて楽になれることを目標にしました。そこで援助者は、それまでのように可動域いっぱいのところで「援助者がブロックを弛める」という対応ではなく、「Aさんが緊張を抜けるまで待つ」という対応に変えました。するとAさんは援助者のブロックを再び押し返す反応をみせました。そこで援助者が〈ここ！楽にしましょう！〉と肩の緊張部位に触れて声かけをしました。するとAさんは肩や手に力を入れたり抜いたりしながら試行錯誤し始め、緊張が弛んで楽になるとホッとした表情をみせました。援助者は〈できましたね！〉とAさんの努力を称賛し、自体感の変化や成功感・達成感を共有できるよう働きかけました。このように、Aさんは肩の緊張を自分で弛めるという努力の仕方ができるようになりました。また、努力の仕方が変化するにつれ、以前は取り組めなかった直の姿勢で坐る課題にもからだに意識を向けて取り組むことができるようになりました。さらに、援助者が〈肩、楽？〉と尋ねると首振りや、「はい」と言葉を発して答える様子がみられるようになりました。

唄や玩具を通した関わりにおいても、臨床動作法後には援助者が竹笛を吹くと注目し笑顔をみせたり、援助者が黒田節を唄うと一緒に口を動かす様子もみせることがありました。また、Aさんが自発的に援助者の手をとって手拍子をしたり、援助者の腕の毛を引っ張り援助者が痛がるのを見て笑うなど、自発的で相互的な行動も稀にみられました。

このように、自体感を意識化し、課題達成への努力の仕方を二人で試行錯誤しながら変えていける体験、そして課題ができた時の達成感を共有できる体験が提供できたことによって、今まで取り組めなかった課題に取り組めるようになったり、他者へ自発的に働きかけたりするなどの行動がみられるようになりました。

■事　例②

――他者からの関わりに拒否的といわれている八〇代女性への臨床動作法導入期

概　要

ここでは、叫声・暴言があり、他者からの関わりに拒否的といわれているBさん（八〇代女性）への導入期での関わりをご紹介します。これはデイケア施設での事例です。

Bさんはアルツハイマー型認知症と、脳梗塞の後遺症で左半身のまひの診断がありました。視力・聴力が弱く、ADLは、歩行・食事・排泄は、援助があれば可能でしたが、一人ではできません。娘さん（五〇代）と二人暮らしで生活していますが、娘さんが常に側にいないと不安が高まり、娘さんの姿が見えないと大声で何度も娘さんの名を呼んでいました。週に四日、デイケアで過ごしますが、そこでの活動は、リハビリのための作業課題（大豆をペットボトルへ入れる）を繰り返して日中を過ごしていました。思い通りにいかない時や、何をしていいのか分からない時に、大声を出してかんしゃくを起こすということがたびたびみられました。デイケア施設での他者との関わりは、一方的で不平・不満を大声で叫ぶ関わりが多く、会話でのやり取りは続かない状況でした。

そこで臨床動作法を適用した面接を行うこととなりました。週一回、二〇～三〇分の面接を一二回実施しました。

経　過

初回は、「マッサージをしましょう」とお誘いしました。Bさんにも分かりやすく、受け入れやすいように伝えるためです。Bさんはすぐに「目も見えないし、耳も聞こえない！　何もできない！」と大声を出しましたが、拒否的な言葉とは裏腹に、援助者が手を差し出すとすっと握ってくれました。さらに少し促すと援助者の誘導に応じる動きをみせました。この様子からBさんは関わりを完全に拒否しているのではなく、見通しがつかないことへの不安があると仮説を立て、さらに関わりを進めました。Bさんのこのような反応は後のセッションでもたびたびみられましたが、援助者は、そのような言葉だけで判断せずに、動作では応じるのか、あるいは、拒否しているのかという点も目安にしながら、時には慎重に、時には厚かましく動作課題を提案していきました。

Bさんの姿勢は、背中がくの字に曲がり、背中に側彎があり、腰の動きが乏しく、立位姿勢が不安定でした。安全面を配慮しながら、まずは他者との関係の中で安心していられることを目標に設定しました。さまざま試した動作課題の中で、椅子坐位姿勢での背中の弛め、側臥位での躯幹部のひねり、肩上げ・腕上げを中心に行いました。Bさんが現有しているからだの動きや、受け入れが比較的よいという理由で動作課題を選びました。椅子坐位で行ったのは、Bさんは股関節がとても硬く、両足が細いので、胡坐姿勢は危険であると判断したからでした。

言葉だけでは動作課題をお伝えすることが困難な対象者の場合、初めは援助者がからだの動きを誘導します。その時、動作者がその誘導に応じてどこまでついてくることができるか見極めることが支援のポイントになります。本事例では、側臥位での躯幹のひねり課題では、援助者が、Bさんの上体をひねる方向を示すように軽く力を加えても、拒否的な行為や発言はみられませんでした。からだが緊張し、動きが止まるところまで動きを誘導し、そこでしばらく待っていると、少しずつ緊張を弛めていく感じがありました。途中、背中の慢性化した緊張部位でひねる動きが止まったので、援助者は、それ以上は弛める努力を求めずに、B

さんに一度もとの側臥位姿勢に戻ってもらいました。そして、今できたことを数回繰り返しました。難しい課題を求めすぎずに、まずは「できる自分」を感じてもらうという意図です。

また、Bさん自身の自体への能動的な働きかけをねらって、肩上げ課題を提示しました。初めは援助者が、Bさんの肩を上下に他動的に動かし、課題を示しました。次に、自分で動かすように伝え、声かけと同時にBさんの肩を軽く握り合図を送ると、Bさんは肩を上げる動きを出しました。このことから言語的なやり取りは難しくても、からだを通したやり取りでは疎通が良いことが分かりました。そこで、今度はもう少し難しい課題にも挑戦してもらうことを意図して、つまり、より自体に注意を向けて、より能動的な努力が必要になるように、Bさんの肩の動きが止まりそうなところで、もう少しだけ肩を上げるように、援助者が軽く力を加え、緊張する部位を探し、それを弛めるように求めました。するとBさんは、大声をあげて援助者の手を振り払いました。援助者が欲張りすぎたことを反省して初回はここで終わりました。

二回目以降のセッションでも、Bさんが上手にできる課題を設定し、リラックス感や、動かせている感じを体験できるように働きかけました。また徐々に、少しがんばれば達成できそうな課題を提示し、より自体に向き合い、努力することを求めました。そして、援助者は、Bさんのからだの感じについて、からだの緊張から推測し、〈ここは少し痛いですね〉〈今、抜けましたね〉〈ここ気持ち良いですね〉などフィードバックし、Bさんのからだへの気づきを促しました。これは、Bさんのがんばりを共有することにもつながったように思います。

回を重ねるごとに、Bさんは自分のからだの感じを言葉や指さしで伝えてくるようになりました。動作を通して〈痛い?〉「いーや」〈気持ち良い?〉「はい」〈伸びている感じあります?〉「はい」といった穏やかな言語でのやり取りもみられるようになりました。一二回のセッションが終了した時の日常生活での変化としては、これまでできなかった昼寝ができるようになり、食事中に大声を出すことがみられなくなったことがあります。

援助をふり返って

Aさんの支援における最も重要なポイントは、Aさんが自体感を意識化しやすい課題を選んだことだと考えています。Aさんは言語コミュニケーションや、玩具、唄などを介したレクレーションでの他者との相互的なやり取りは非常に困難でした。しかし、肩が緊張している感じ（自体感）にはAさん自身が気づくことができることが関わりの中で分かりました。このAさんの自体感を扱いながら、援助者と相互的なやり取りを展開していくことで、Aさんの他者（援助者）に対する意識が活性化され、援助者の働きかけに応じたり、時には自発的に援助者に働きかけるなどの行動がみられるようになったと考えられます。

また、最初は「肩のリラクセイション」課題にしか応答してくれませんでしたが、徐々に肩以外の自分のからだへの意識も活性化され、当初難しかった「直の姿勢で坐る」課題も少しずつ取り組めるようになったと考えられます。

Bさんの支援における重要なポイントは、Bさんが、導入の課題に現有している動きを選んだことだと考えています。躯幹のひねりや、肩上げ、腕上げ課題がそれにあたります。このような動きは、Bさんにとって「自分が動かしている」という実感を得やすく、援助者からの動作課題の提示を受け入れやすかったと思われます。認知症者の方々が感じている不安は「現実世界と自身の感じている世界とのズレ」から生じていることが多いといわれています。からだの実感という極めて具体的、現実的なものを媒介として、自分が「できる」という体験や、それを他者と共有する体験では、この「ズレ」が生じにくく、自己存在感を高め、他者との情緒的な交流を促進するのに有効であったと思われます。導入した動作課題にうまく対応できるようになると、「もう少し伸ばしてみましょうか」など、少しだけ課題の難易度を上げ、本人の努力を求めたことも次のステップとして有効であったと考えられます。

今回は報告できませんでしたが、このような変化のプロセスは直線的に進むわけではありません。時にはうまくやり取りできないセッションもありました。援助者はその都度、自分の関わり方をふり返り、課題の設定、伝え方を工夫する必要があります。

認知症高齢者への動作法を研修などでロールプレイングを用いて学習する場合、動作課題の「勝負所」をいかに提示するかを意識するとよいでしょう。事例のところで紹介したように、動作者の動きに丁寧についていき、手と目を使って観察しながら、動作者がどのように課題に取り組んでいるのかその体験を推測します。動作者の動きがぎこちなくなるところが出てきたら、そこは動作者にとってより努力を要するところであり、この動作課題での勝負所となります。この勝負所でどのように取り組んでもらうかを工夫します。導入では「できる」体験を積み重ねることを重視し、「勝負所」の直前で終えることや、そこで助けを入れることもできます。あるいは、自分でこの「勝負所」を乗り越えられるように向き合わせるのも大切な支援となります。

文献

藤岡孝志（一九九三）高齢者への動作療法の適用『リハビリテイション心理学研究　二〇巻』七五〜八五頁
針塚進（一九八八）高齢者の心身の活性化のための体を通した援助の意義と方法：動作法適用の理論『九州大学教育学部紀要（教育心理学部門）三三巻』二七〜三六頁
針塚進（一九九三）障害高齢者に対するカウンセリングとしての動作面接法『リハビリテイション心理学研究　二〇巻』一五〜二一頁

宮里新之介（二〇一〇）重度アルツハイマー型認知症高齢者に対する情動制御不全の改善に向けた動作法の適用『リハビリテイション心理学研究　三七巻』一〜一二頁
中島健一（一九八八）障害をもつ老人への心理学的アプローチの提言：老人病院での臨床の実際を通して『九州大学教育学部紀要（教育心理学部門）三三巻』七七〜九〇頁
中島健一（二〇〇一）『痴呆性高齢者の動作法』中央法規出版
竹田伸也・井上雅彦（二〇〇五）重度認知症高齢者への動作療法の治療要因『心理臨床学研究　二三巻』三〇五〜三一五頁
鶴光代（一九九一）動作療法による「自体感」と体験様式について『心理臨床学研究　九巻』五〜一七頁

実践8
慢性身体疾患をもつ人への臨床動作法

服巻　豊

援助対象と実践方法

実践対象としての慢性身体疾患患者

本稿では、慢性身体疾患を、その疾患の発現と治療に生活習慣が密接な関わりをもつ糖尿病、腎不全や、がんなどの身体疾患を中心として定義します。

一般病院、総合病院などにおいて出会う慢性身体疾患患者は、良質な医療を受ける明確なニーズをもっています。しかし、病棟あるいは外来のナースステーションや詰所では、「やっかいな」「扱いにくい」患者の話を耳にすることがあります。そして看護師からは臨床心理士（公認心理師）としてその患者さんの対応を求められることがあります。その対応の中身は、慢性身体疾患の医学的治療、そして看護ケアに患者さんが適応できる状況、あるいは良質な医療サービスを受ける状況（特に心理的状況）になっていただくことなどがあります。そして「やっかいな」患者といわれる方々は、何らかの心理的ケアのニーズ（以下、ニーズ）は、本人はないと思っており、周りもニーズが分からないのですが、不明確な潜在的ニーズをもっていることが多いです。彼らの不明確なニーズは、問題行動や人間関係のあり方の中で表現されます。臨床心理士が、看護師に頼まれて「やっかいな」患者に声をかけることになっても、患者は、臨床心理士のことを最初は医療従事者として患者に何かを求める人として認識し、なかなか口を開くには至りません。それでも臨床心理士は、耳を傾けようとします。そうすると患者は、「あんたに言ってもしょうがないけど」と態度が軟化することがありますが、自分が何を思っているのかについて語ることは難しいことが多いようです。彼らは、身体疾患の医学的治療に明確な目的を有しており、心理的問題や悩みについて、そのニーズを自覚し、自ら説明する必要性を感じていないのです。

このように慢性身体疾患をもつ人々は、彼ら自身の自覚するニーズとして臨床心理学的援助を必要としていません。しかし、彼らは、慢性身体疾患は自分ではどうにもできないものとして体験し、良質な医療を受けていくことそのものを恐れ、生活していくうえで先行きの見えなさへの不安を抱えていることが多いのです。それでも彼らは、自分自身を大切にし、自分なりに現実生活に向き合って、がんばって生きているのです。慢性身体疾患患者支援においては、患者の存在の基盤である生活を切り離しては考えられないし、自分自身を大切にする思いや努力は健康な人の何倍も強いものと考えられます。ここに生活を基盤に置いた患者の主体的な生き方を見据えた臨床心理学的援助の必要性が浮かびあがってきます。

慢性身体疾患患者への臨床動作法適用の意義

成瀬（二〇〇〇）は、からだを用いた課題動作のプロセスを通して動作者に必要・有効・有用な治療体験の仕方を経験・獲得してもらうように援助する心理療法として臨床動作法を体系化しています。そこで大切にされているのが、動作者自らが動かしている、からだという現実面での自己を操作し、実感していくことです。慢性身体疾患を抱えた動作者が、自分ではどうにもならない病気や治療を現実として受けとめ、自己を理解し、自己を操作すること、そしてそのことを実感できるようになることは彼ら自身の人生を自分らしく生きていくうえで、とても重要な意味をもつのではないでしょうか。

服巻（二〇〇三、二〇〇四、二〇一一）は、維持透析患者に対して肩こり体操として臨床動作法を適用し、心理的問題を直接扱うことなしに、動作課題への取り組み方を受身的から主体的、能動的なものへと変化させていく援助をしました。動作課題への取り組み方を無理のない、より楽なものにしていく援助は、日常生活にセルフケアとして取り入れられ、維持透析患者の生き方の支援につながることを事例研究として考察しました。

医療の現場で、治療中に適用できる臨床動作法の有用性

筆者は、多くの維持透析患者に臨床動作法を適用してきました。その際、筆者は、よく、「自分でやれる方法を教えてください」と言われました。このことは、患者の多くが自分で何とかしようと努力する姿勢を常にもっていることを示しています。透析治療中の四～五時間は、本来、維持透析患者にとって時間的、身体的拘束の時間でありますが、「本を読み、知識を入れる時間にしよう」「役に立つことをする時間にしよう」などと有意義な時間にしていこうと努力しています。

パターソン（Peterson, 2010）は、維持透析患者は、病気や必要な治療やよくない副作用によって繰り返されると認識される精神的負担は、毎日、対処しなければならないことであり、患者の精神的負担が少ない援助方法として、透析治療セッション中に提供できるセラピーのサービスモデルが開発される必要性を提唱しています。彼は、この「透析治療セッション中」のサービスや治療モデルが、患者ケアの活性化につなが

ると述べています。慢性身体疾患患者にとって新たな時間を割くのではなく、医療的な治療を受けにきた時に、同時、あるいは並行的に心理的援助を受けられることは、とても重要な意味をもつものと思います。筆者は、医学的治療と併用して適応できる、そして慢性身体疾患患者の現実生活での向き合い方の支援ができる、有用な臨床心理学的援助技法として臨床動作法は最適な技法の一つであると考えています。

慢性身体疾患患者支援における倫理的配慮

慢性身体疾患患者の支援には、良質な医学的治療が土台であり、その上に臨床心理学的援助の可能性が見出されます。慢性身体疾患患者支援として臨床動作法を適用していく場合、人がからだを動かす動作という主体の活動を取り扱うことにより、医学的治療文化が患者の主体的活動と一致していく、あるいは患者の文化と治療文化が融合していくことが求められていきます。倫理的配慮を考慮する際、筆者が特に留意している主な以下の三つを示させていただきます。

①自己開示

一般的に言われる自己開示とは異なる文脈でこの言葉を使わせていただきます。専門性の自己開示と言い換えてもいいでしょう。自分が臨床心理士であること、病院の勤務形態（非常勤、常勤）、医学の素人であること、そして医学的処置に関わることはできないことを接する中で、態度として言外に伝えることにしています。臨床心理士としての態度による自己開示は、やはり、あなたのことをどう理解しようとしているかを積極的に開示していくことにあります。

②治療上のコミュニケーションのサポート役に徹する

患者は、「不安になります」といった訴えを表明することで臨床心理士に救いを求めてくることがあります。治療や症状についてのコメントはせずとも、どうして医師や看護師に言えないのか、という部分を丁寧に整理し、コミュニケーション方法を共に考えていくことが倫理的配慮につながります。専門性の相互尊重にもなります。治療や症状についてのコメントは避け、それぞれの専門家につなぐサポート役です。

③治療プロセスの共有と不可侵のおきて

医学には根拠に基づく明確な治療プロセスがあります。臨床心理士が、治療の経過、治療決定因などを熟知し、医療従事者と共有しておくことは、治療プロセスと共存した臨床心理学的援助を可能とします。プロセスの共有は、患者の症状が治療プロセスのどの段階かということの理解だけではなく、心理状態の理解にもつながります。からだに触れる場合、疾患部や治療部位と重なる部分や部位は、初めは医師や看護師の立ち会いのもとで行うなど医学的に安全かどうかの最大限の配慮が必要です。患者は、医学の素人に疾患部や治療部位を触られるのは嫌がりますし、とても怖いことです。医学の領域において、臨床心理士が決してやってはいけないこと、不可侵のおきてがあることを知っておくことが大切です。つまり、慢性身体疾患の治療プロセスにおいて、不可侵のおきてが何かは、医療従事者に直接尋ねていくことが、倫理的配慮につながるのです。

以下に筆者が臨床動作法を適用した事例を組み合わせた架空の事例を紹介します。

■事　例
——腎不全のため維持透析を長年続けている五〇代女性

概　要

五〇代女性のAさんは、透析歴三〇年のキャリアをもつ維持透析患者です。現在、夫と二人の息子と同居しています。一五年前に膠原病（自己免疫疾患の一つ）の合併症としての腎不全となり、透析を導入することとなりました。

経　過

Aさんは、肩こりがひどいからと臨床動作法を希望してきました。筆者は、ベッドサイドでの動作課題を実施しました。Aさんの腕や肩は、とても細く、今にも折れそうな印象でした。Aさんによれば、腕、肩に力が入らず、「ドライヤーが頭まで持てない」「買い物かごを持つのも一苦労」とのことでした。

動作課題は、透析中、Aさんが仰臥している状態で実施されました。Aさんの透析針を刺していないほうの腕を持ち、腕上げ課題を実施し、肩回りのリラクセイションをねらいとしました。するとAさんは、筆者の声かけと手での指示にすぐさま応じて腕を上げようとし、余計に肩、首、顔に緊張が入ってきました。筆者が、援助の手を止め、〈そんなに力を入れなくても大丈夫ですよ〉と声をかけると、素直にすっと表情が和らいできました。筆者が、動かそうと援助するとグッと力が入り、肩・首・顔（毛布で見えないですが脚にも）に緊張が入っている様子が伝わってきました。筆者が援助として腕を動かそうとするとAさんの腕にグッと過剰に力が入り、動きを止めて〈抜いて〉と言うとフワッと力を抜きました。こうしたやり取りから、筆者は、無理にがんばって相手に合わせたり、過剰に力を入れて課題へ取り組む、Aさんらしさを理解することができました。

実施後Aさんは、「腕がぽかぽかしてきました」「楽になりました」とリラックスできたようで、「一人でやれる方法を教えてください」と求めてきました。筆者は、驚きつつもAさんが家で取り組む方法を一緒に考え、ベッドサイドで取り組んできた実践を確かめながらブラッシュアップすることにしました。

それから毎回、Aさんと筆者は、家での動作課題の実施方法や取り組み方の難しかった点を確認し、家で取り組んでいる動作課題をより良い取り組み方へと修正していくセッションにしました。Aさんは、力を抜くということが実感として分かりませんでしたが、ある時、動作課題遂行中、「あっ！ 力をこう抜けばいいんですね」「私、いつも力を入れて、がんばることしかやってなかったです。だからいつも力入れすぎて痛くなったりしたんだ」と、自分のあり方に気づき、具体的なやり方が分かったようでした。とても嬉しそうなAさんに筆者も嬉しくなり、思わずAさんにハイタッチをしました。

その後、Aさんは、筆者に対して自分の死が近いこと、死の準備として夫や子どもたちにしていることを伝えてきました。セッションが一〇回を過ぎた頃、Aさんの動作課題の遂行はスムーズになり、無理せずとも力を抜くコツをつかんできました。その頃、Aさんは、一時は効果が分からないし、自分のできなさに直面するのが嫌で何度も挫折を繰り返していたリハビリにも継続的に通えるようになりました。

そしてAさんは、急に筆者に対して「先生、死ぬのが怖いんです」「夜、急に怖くなって目がさめることがあります」「先生、どうしたらいいでしょうか」と訴えてきました。筆者は、いつも明るく、死についても淡々と表現しているAさんの様子の違いに驚きつつも、〈そうですよ。そう思うのは自然なんじゃないですか。本当によくがんばってらっしゃいますね。動作課題を一緒にやっていて、いつも、無理してでも歯を食いしばっているAさんをすごいなと思っていました。そういうAさんを少しでも軽く、楽にできないかと思っていました〉と返事をすると、Aさんは安心した表情で目をつぶりました。そしてAさんは、Aさんのがんばる姿に共感した息子たちの協力を得て、家で自転車チューブを使っての筋力アップの運動を取り入れたりするなど、Aさんらしさの回復とともに、日常生活に張りと明るさが戻ったようでした。

援助をふり返って

［動作課題の取り組みを通して主観的体験世界を共有する］

Aさんとの臨床動作法の適用において大切にしていたことは、動作課題への取り組み方を通しての患者のあり方、対応の仕方を理解するということです。慢性身体疾患を抱える方々に対しては、言葉での表現を求めるアプローチは難しいと思うことがあります。動作課題の取り組み方には、彼らの日常での対応の仕方が表れ、そこに注目していくと、彼らの病気や治療に対する向き合い方、対人関係のあり方、どのように生きてきたのかという生き方までが伝わってきます。動作を通して伝わってきたことを相手に伝え返していくと、相互に理解しあえるようになります。

勝見（一九九六）は、末期がん患者との亡くなるまでの面接過程を検討し、心理援助の可能性について明らかにしました。そこでは「患者の主観的世界を共有しようとする姿勢を示し続けることが重要」であるとし、そのことが「患者自身が自己の死や喪失に対する内的葛藤や不安に直面し、援助者とともに問題として取り組んでいくための安全感を提供することにつながる」と考察しています。動作を通じて相手を理解するということは、彼らの体験世界が共有できるようになり、相互に課題に取り組む安全感を提供することになるものと考えます。

［リラクセイションによる援助の具体的ステップについて］

リラクセイションによって新しい取り組み方を援助するには、「楽になった感じ」「痛みが軽くなった」などのリラックス感、つまり、ポジティブなからだの実感が大切です。リラックス感が提供できる動作課題での援助が、第一ステップだと思います。リラックス感によるポジティブな実感が、患者の今後の取り組みを支えてくれます。そして第二ステップとして、援助者の手伝いを借り、自分の緊張状態を味わい、動作課題に取り組む中で「自分で弛めていく」ことを通して「力を入れているな」など、自分のあり方に「気づく」ことです。第三ステップは、自分に必要で、かつ自分に合っている弛め方が自分で「分かる」ことです。第四ステップとして取り上げるなら、Aさんへの対応のように、患者自身の取り組みをフィードバックしてもらい、共に工夫していくことです。援助者は、慢性身体疾患患者が、自分にとって必要な取り組み方をいろいろと試し、工夫し、努力していくところまでお付き合いします。その後のステップは、患者自身にお任せしていいでしょう。なぜなら、彼らは、慢性身体疾患を抱え、毎日、自分で治療のために服薬し、食事制限を守り、診察に通い、仕事をし、家庭生活を送っているからです。それは、彼らが、常に、現実生活に向き合い、自分をより良い方向へと向けるたゆまぬ努力をし続けている、つまり、自分をより良くするために努力をし続ける能力を有した方々といえるからです。

以上のことにより、筆者は、慢性身体疾患患者に対する臨床動作法の適用について、援助者が彼らの心理的問題をこちらから掘り起こすことなく、動作課題への取り組み方を通して彼らの心理や生き方について理解し、生活に視点を置いた心理的援助ができる実践技法として有用であると考えています。

文　献

勝見吉彰（一九九六）末期癌患者の内的体験に関する一考察『心理臨床学研究　一四巻』二九九～三〇九頁
服巻豊（二〇〇三）透析患者への動作法面接『リハビリテイション心理学研究　三〇巻』一～一二頁
服巻豊（二〇〇四）透析患者へのリラクセイション技法の適用：かかわりと課題への取り組み方からの検討『リハビリテイション心理学研究　三一巻』一～一四頁
服巻豊（二〇一一）全身疼痛を抱える長期維持透析患者への心理的援助『心理臨床学研究　二九巻』一～一四頁
成瀬悟策（二〇〇〇）『動作療法：まったく新しい心理治療の理論と方法』一二二頁　誠信書房
Peterson, R. A.（2010）Improving hemodialysis in patient care: critical areas. *Patient Education and Counseling, 81*, 3-4.
田嶌誠一（一九九二）『イメージ体験の心理学』講談社現代新書

実践9
精神疾患をもつ人への臨床動作法

本田玲子

援助対象と実践方法

本技法を用いるための環境づくり

精神科医療を求めてくるクライエントは症状と呼ばれるものを抱え、社会適応に難しさを感じている方が大半だと思われます。医療においてはクライエントが自ら語る主訴もしくは彼らを取り巻く家族らが報告する情報をもとに医師による医学的診断がなされ、治療方針が立てられます。その方針において動作法を活用してもらうためにはまず医師の理解を得ることが大切だと考えられます。また、チームとして支援にあたる他専門職に対しても臨床動作法とは何か、クライエント（動作者）に用いることで期待される効果はどういうものか、などについて伝達する機会をつくることが大切だと思います。

本技法を他職種に知ってもらう理由は、本技法は動作課題が提示され、その課題の遂行過程における援助が動作者のからだに触れるという形をとるため個別面接の場面を目にするスタッフに誤解を与えないことが挙げられます。心理療法は言葉によるものという考えをもつスタッフもいるため、病院内の既存の研修会などで実際に援助を受けながら動作法に取り組むクライエント体験を共有できると理解を得られやすくなります。また、他の専門職が参加する病院内のケースカンファレンスの中で本技法を導入した面接経過を報告し、動作者に生じている変化について報告することも本技法を知ってもらう良い機会と思われます。

入院治療や外来治療を受けておられる患者さんに対しては、心理士による面接を申し出やすいように広報活動をするとよいと思われます。ポスターやリーフレットなどを作成し、申し込みの手順などもあわせて外来待合室や入院病棟など患者さんの見やすい場所に掲示すると効果的です。そうすることで患者さんの目に止まりやすく、心理面接の希望を申し出やすくなります。日頃から他職種と関係づくりを行い、環境を整えておくことが、動作者が安全な構造の中で支援することにつながるものと考えられます。

実践する場面について

本技法の適用範囲は広く、私の経験からすると対象者が限定されることはないように思います。個別面接の場合は基本的に動作者に有益であると判断できれば本技法による援助を提案し、了解が得られれば導入は可能であると考えます。例えば主訴がからだの不調を伴うものであれば、からだの状態とこころの状態とを関連づけて提案できるものと考えられます。からだを動かすという本技法による面接は特別なものではなく、他の心理療法と同じように現状より少しでも良い状態を目指すといった説明だけで意欲を示す動作者もいます。いずれにせよ援助者の援助技術と本技法を用いた面接を受ける動作者の有益性をあわせて検討したうえで、提案することが大事であると考えます。動作者が迷ったり、戸惑いをみせたりする場合は、回数を限定して試すことが可能であること、継続については体験した後で再度検討することなど伝え、動作者にとって無理のない導入になるよう留意する必要があります。

動作課題の提示は丁寧に行うことを心がけます。課題の内容を言葉で伝えたうえで、デモンストレーションして見せるなど動作者が課題をイメージしやすい配慮を心がけます。デモンストレーション中に一緒にからだを動かし始める方もいますので、その時は〈そうそう、その動きです〉と声をかけ、〈では一緒にやってみましょうか〉と自然な流れで課題に入ることが可能です。援助については、実際に行う前にからだに触れて行うことの了解をとるほうがよいと思われます。特に対人的に非常に過敏で、非現実的なものを確かなものと信じているケースや、自身の考えや行動と他者のそれが区別しにくい状態にある方に対しては、導入時は、からだに触れず口頭指示による援助から入ることも一つの方法です。援助が、動作者の許容可能な範囲を越えないことはもとより、援助者が援助する範囲と動作者が努力する範囲を明確にするなどし、動作者が自分の力で動かしている感じをもてるよう援助者は援助の仕方を見直し、修正を加えていきます。

次に入院治療および通院治療における集団療法での本技法の導入を考えてみます。集団療法のメリットは患者として治療を受けているという同じ立場にあるメンバー同士の関わりを活用できることです。例えばメンバー同士でペアをつくり、動作者と援助者の両方の役割をとる場面を設定します。動作者役割は他者が自分をサポートしてくれる肯定的な存在であることを意識しつつ自体に働きかけて変化に向かう体験をしていきますし、援助者役割は相手の反応を見ながら自分の援助を調整するという他者と自分を観察する機会となり、他者への能動的関わりの体験ができます。メンバーが少しずつ動作課題の取り組みに慣れてきた場合は、動作者は援助者に援助について注文を出したり、援助者は動作者に援助の強弱について好みを尋ねてみたりするなどしても良いと思います。ねらいに応じてさまざまな構造をつくれることが集団に本技法を用いる醍醐味だと考えられます。

■事　例①
――不安感と身体的な不調を主訴とする適応障害の男性との面接

概　要

Ａさん（男性）は数年前よりうつ病で治療をしていましたが職場でのトラブルをきっかけに不眠、動悸、過呼吸、思考の混乱などの症状が出現しました。トラブルのことを思い出すと情緒不安定になっていました。Ａさんの困っていることは「何をするにも不安で確信がもてない。生まれた時から不安だったと思う。調子が良いと感じられる時がない」というものでした。しばらくしてからＡさんは復職しましたが、不安感や身体的な不快感が強まりました。外出時に家のドアの施錠やガスの元栓などを何度も確認するために困っていました。〈不安や緊張を自分でコントロールする方法〉として臨床動作法を提案したところ「肩こりや頭痛は昔からあった。人が痛いと思うところが自分も痛いと感じたりする。是非やってみたい」と意欲を示しました。

経　過

第Ⅰ期（計一二回）では肩上げや肩開きなどの課題を行いました。Ａさんのあぐら坐位の姿勢は股関節の状態に左右差があり、左の膝のほうが右より浮いている状態でした。初回は、椅子坐位にて肩上げを行いました。筆者が片方の肩を上げる動作をデモンストレーションするとＡさんはそれを見ながら模倣していました。しかし、実際に始めようとすると「どうするんですか？」と戸惑いをみせ、模倣していたことの自覚がないような反応をみせました。Ａさんが自分の行動について意識しづらい面があるものと考え、Ａさんが動かそうと努力した時や実際動かせた時にそのことを言葉で伝えていくことを心がけました。最初はＡさんの表情を見やすく、またＡさんも筆者の様子が見やすい横からの援助を行い、途中から後方から援助するようにしました。Ａさんは肩を上げようとすると上半身をのけぞらせてしまうため肩はほとんど動かせませんでした。〈今、動きましたよ〉、〈これ以上は動かない感じですかね〉など援助の手と言葉とでフィードバックすると「そうですか？　先生がそう言うならそうでしょうね」とあまり関心がないといった調子で受け流していました。この期は動作課題に取り組むものからだの感じがよく分からない状態が続きました。

第Ⅱ期（計一八回）では、動作課題はあぐら坐位での脚・腰回りの課題（股関節から前方・左右方向に上体を倒す）、タテの姿勢をつくる課題を行いました。この時期のＡさんは自体の感じが少し分かるようになってきた一方で課題を始めようとすると急に眠気をもよおして集中力が低下しました。ある回もＡさんは強い眠気が生じ、半ば傾眠状態で肩開きの課題に取り組みました。それまでは動きが出にくかったポイントでスッと動いたため〈今、動きましたね〉と伝えると「えっ？　動いたんですか？」と自分の事ではないかのような反応をみせました。別の回では、頭の先から尻にかけてタテに力を入れるための前段階の課題（背中の中央部の屈げ反らし）に取り組む際、背中を屈げる方向はうまく動かせず肩を内側に丸めて頭を垂れる努力の仕方で対応していました。その不随意の動き（肩を内側に丸める）を筆者が止め、新しい努力の仕方を提案すると「この課題はよく分からない。難しいことをすると混乱します。少しイライラしました」と不満気に伝えてきました。この反応からＡさんの集中力が持続するように注意を払うからだの部位が複数にならないこと、Ａさんのそれまでの努力パターンを修正しようとしすぎずに少しゆるやかに止め、面接回数を重ねる中で微細な動きの把握を求めていく課題設定と援助の工夫を行いました。

第Ⅲ期（計一三回）では、肩回りの課題（肩上げ、肩開き）、タテに力を入れる課題を行いました。この頃、Aさんは不安や緊張が強まっている感じや、それを感じるとその後で全身のこわばりや、肩の痛みにつながることに気づくようになってきました。「出勤前が一番緊張するみたい」と場面による違いも分かるようでした。Aさんは「何となく分かるようにはなってきた」とからだの感じが分かるようになるにつれ、和らいだ表情をみせるようになりました。ある回で、肩開きの課題を行う際に両肩の肩先に手を添えるようにして援助していたところ「自分でやっている感じがない。窮屈な感じがする」と述べたため援助の仕方を肩甲骨が動くポイントと肩先に添えるように変えたところAさんは積極的に肩を動かすようになりました。動きの感じが実感できると「あっ！　これは分かります」と実感がこもったからだの気づきが自然に言葉に出てくるようになりました。日常生活においては、「前よりはまし」、「最近自分を客観的に見られるようになった気がする」など自分についての気づきが増えてきており、Aさんが不安に圧倒されずに落ち着いて行動できつつあることがうかがえました。

■事　例②
――抑うつ感を主訴とする女性との面接

概　要

Bさん（女性）は中学生の頃より不登校となり、以後ほとんど家の中で過ごす生活を送っていました。長年、抑うつ感や胃部不快感などに悩まされていました。ある時、アルバイト先でのトラブルをきっかけとしてうつ状態が増悪し、自殺念慮を抱くようになりました。Bさんの主訴は、「言いたいことが言えない。一生懸命やっても周りから理解してもらえない。同じことがこの先も起こるかもしれないので、カウンセリングを受けて何とかしたい」というものでした。Bさんは帽子を目深にかぶり視線を合わせないようにうつむいていましたが〈からだを動かすことによって気分を自分でコントロールしていくことができる方法〉と臨床動作法を紹介すると迷わず小さな声で「大丈夫です」と取り組む意志を伝えてきました。

経過

第Ⅰ期（計八回）では、あぐら坐位での腰・脚回り（股関節から前方・左右方に上半身を倒す）の課題を行いました。初回、筆者はBさんの正面であぐら坐位の脚の組み方や前屈課題について言葉で伝えたうえで、デモンストレーションを行いました。Bさんの坐位姿勢は慢性的に腰を反らすような力を入れているためか腰を立てたり後方に動かしたりすることができませんでしたが、股関節回りの左右差は少なく概ね安定した姿勢をとることができていました。筆者はBさんの横に坐り、最初は援助せずにBさん一人の取り組みにしました。股関節からからだを前方に倒すよう伝えるとBさんは両手を突っ張らせ上体が大きく前に倒れないようにしていました。その様子から筆者はBさんが自分に起こることを予測できず不安なのだろうと理解しました。筆者はBさんの後方から肩と背中の中央部に手を置き、〈この状態で取り組んでみてください〉とBさんが許容できる範囲を援助の手で示し、できるだけ無理なく取り組めるよう心がけました。Bさんはかなり時間をかけてほんの少し上体を倒しただけで動けなくなる回がしばらく続きました。しかし、回を重ねるにつれて徐々に動けなくなった状態から少し力を抜こうとするわずかな動きが援助の手に感じられるようになりました。その動きについて〈今、少し前に行こうとしましたね。その調子で良いですよ〉とモニターするような声かけを心がけました。Bさんはそれまで動かせずにいたポイントから一歩超えた取り組みの結果、腰回りや脚回りが弛むと上体が前に倒れる変化も分かるようになってきました。筆者はBさんの自体感を推測して〈ここら辺が少し伸びた感じですよね〉など伝えてみましたが、よく分からないといった感じで首を横に振って意志表示をしていました。

第Ⅱ期（計二七回）では、動作課題はあぐら坐位での腰・脚回りの課題、上体にタテに力を入れる課題、肩回りの課題（肩上げ、肩開き）を行いました。あぐら坐位の腰・脚回りの課題では、Bさんは上体を前方に倒す中で弛んでいく部分により関心をもち、股関節回りの力を抜くこともやや上手になりました。また、一旦要領をつかむと次にする時は大胆に動かそうとする面がみられるようになりました。そのような動作からBさんが自身の行動に対して自信をもてるようになってきたものと理解できました。Bさんはからだの感じを言葉で表現することは難しいようでしたが、痛みや突っ張り感がある部位に関しては正確に把握しており、痛みが生じるところを指さしで伝えられるようになってきました。肩上げの課題では、筆者が動かす方向を少し示す援助でも要領をつかんでスムーズに動かせるようになりました。

Bさんは面接後に「すっきりした感じがします」と心地良さをうかがわせる発言をすることが増えてきました。この時期からBさんの抑うつ気分は軽快し外出ができるようになったり、新たなアルバイトの採用面接を受ける準備をしたりするなどの前向きな行動がみられるようになりました。

第Ⅲ期（計二〇回）では、肩回りの課題（肩上げ・肩開き）、第Ⅱ期と同様のタテに力を入れる課題を行いました。Bさんはどの課題においても力を抜き弛めることができるようになってきました。また、その取り組みの感じを感じられるようになってきました。ある回では坐位姿勢をとった時に腰や肩回りが硬いことがあり、筆者がそのことを話題にすると「アルバイト先で緊張しています、肩が痛いです」と述べ、日常生活におけるこころの状態がからだの硬さに影響していることを自覚されているようでした。第Ⅱ期では痛みを感じると動けなくなることがありましたが、この期では、「大丈夫です」と継続的にからだに向き合えるようになりました。途中で対処が難しくなるポイントにおいて筆者から力の抜き方について具体的に示されなくても「自分で思うようにしてみてください」と伝えるだけで以前指摘されたことを思い出しながら腕の力を抜いたり、腰を弛めたりなど自分なりに試そうとする動きが出てきました。この時期から帽子を被ることが減り、和らいだ表情をみせるようになりました。人混みの中で過ごす練習をするために一人で喫茶店で過ごしたり、コミュニケーションの講習を受講したりするなど苦手なことに敢えて挑戦し、自分が変わることに積極的な行動がみられるようになりました。

援助をふり返って

まず、Aさんの事例からふり返ります。第Ⅰ期においてAさんは肩こりや頭痛などからだの不快感に悩まされていたためその緩和を期待して動作課題に臨んでいましたが、からだを動かそうとする意図と実際動かしている努力の感じをもちづらい状態でした。第Ⅱ期においてみられた眠気および半覚醒状態で取り組んだ際のAさんのスムーズな肩の動きとそれを意識化しづらい状況は、自己についての不確かさが影響しているものと考えられました。このように考える背景は、Aさんは対人的に過敏でありながら他者の言動を無批判に受け入れる面がありました。不安を抱きながら応じすぎて疲労が蓄積する傾向がありました。眠気が強い状態で行った肩上げの課題は程よく力を抜きながら取り組めていたものの、動作遂行のプロセスを意識化しづらい状態でした。そのため、筆者に動かされた感じしか残っていなかったので言語化を求められると困惑していたのではないかと考えられます。Aさんの眠気については、面接場面で緊張が弛んだこと、不眠の影響などいくつか仮説をもちながら、課題内容を簡易にすること、課題数を限定し一つの課題をじっくり行うことなどその都度行っている課題を話題にして集中して取り組めるようにしました。第Ⅲ期では眠気が生じる回は少なくなり、Ａさんは不確かなからだの感じが実感あるものに変わっていきました。そして実感が増すにつれてＡさんは日常生活のさまざまな局面においても自分を客観的に捉えられるようになってきました。これはＡさんが第Ⅱ期において筆者の求めに対して苛立ちを表明したことと、眠気への対応からＡさんが許容できる課題設定を考え続ける機会を与えられたことによりもたらされました。すなわち動作者の主体的な力を引き出すためには援助者が柔軟に自分の在りようを変えることが求められるということだと考えられます。

次に、Ｂさんの事例です。Ｂさんは新規の課題に対してはかなり慎重であり、一つの動作を終えるまでにかなり時間をかけて対処していく面がありましたが、一度要領をつかむと迷いなく変化に向かう力を第Ⅱ期でみせるようになりました。Ｂさんはからだの感じをつかむことがうまく、第Ⅰ期から力を抜くこと、弛めることができていました。Ｂさんにとって動作法は新奇なものを受け入れ、自分ができそうなことや、実際行動してみてうまくいったことを確認していく体験につながったものと考えられます。確実に変化していく自体の感じを実感し、それは自己を肯定する心地良い感じであったと考えられます。これらの体験ができたことによりＡさんは自信をもてるようになってきたのではないかと考えられました。Ｂさんは動作法の時間はほとんど話すことはありませんでしたが、とても集中してからだと向き合っていました。Ｂさんの日常生活における積極的な行動の変化は筆者の予想を超えたものでした。Ｂさんの主訴は他者に何とかしてもらうものではなく、自分の力で解決していくものになっていました。このようなＢさんの変化は動作課題に取り組む中でみられた動作課題を実現していく変化のプロセスと共通しているように思われました。動作からその人の在りようを見立てること、という至極基本的でありながら大切なことを改めて考えさせられました。

また、両事例をふり返ってみて、今回、精神疾患をもつ人への援助というテーマをいただき、臨床をするうえで大事にしてきたことや、ケースとの関わり方をふり返る機会を得ました。これまで多くの方に臨床動作法を用いた面接を行ってきましたが、ここで取り上げた二つのケースはその中で、とても印象に残っている方々です。医療という領域で出会ったから彼らは患者とされますが、二人は筆者が考えていた以上に逞しく、そして自分にとって必要な体験を探し、つかみとる力をもっていたように思います。彼らの肯定的な変化は他職種も驚かせたほどです。目の前にいる動作者にできることを考え、創意工夫しながら彼らのように動作者自身がもつ力を発揮できる援助のあり方を模索していきたいと考えています。

（なお、このたびご紹介した両事例とも、守秘義務遵守のため改変を加えています。）

実践10
福祉臨床における臨床動作法

髙橋佳代

援助対象と実践方法

福祉の概念はさまざまな意味あいを含んでいますが、一般的には、子どもや高齢者、障害をもった方など生活上何らかの支援が必要な方々に対する社会的なサービスを指します。臨床動作法は、障害児・者や高齢者を対象とした施設に加え、児童養護施設など社会的養護が必要な子どもに対する施設での活用が報告されています。本稿では、社会的養護の子どもたちに対する福祉施設として児童養護施設における臨床動作法の実践について紹介していきます。

社会的養護とは、保護者のない児童や被虐待児など家庭環境上養護を必要とする児童に対する公的な責任として、社会的に養育を行う制度です。社会的養護は「子どもの最善の利益のために」と「社会全体で子どもを育む」を理念として行われています。中身としては、児童養護施設や乳児院、心理治療施設などの施設を活用する施設養護と、里親やファミリーホームによる家庭的な養護の二つに分けられています。厚生労働省の発表によると児童相談所が対応した虐待相談件数は、児童虐待防止法施行前の平成一一年度は一万一〇〇〇件ほどでしたが、平成二九年度にはその約一一・五倍の一三万三〇〇〇件あまりに増加しました。増え続ける児童虐待の状況を受け、国は児童相談所の体制強化や警察との情報共有のルール化などの対策を打ち出しています。虐待への対応は社会的な課題であり、虐待の発生予防や子どもの救出に努めていくことは喫緊の課題です。同時に、保護された子どもに対する安心できる環境の確保とケアの拡充も極めて重要です。児童養護施設に入所する児童の状況も複雑化しています。厚生労働省によると平成二五年時点で入所児童の約六割が虐待を受けた経験があり、二八・五パーセントが何らかの障害を持つと報告されています。

施設に入所する子どもたちは養育者との愛着関係がしっかり形成できていないことが多く、他者との適切な関係を築くことが難しかったり、集団場面にうまく適応できなかったり、さまざまな課題を抱えています。生活習慣が根づいていない子どもも多く、施設でのルールがある生活への適応が困難な児童もいます。

以上のように、児童養護施設においては、より専門性の高いケアが必要な状況です。一方で施設における支援体制はまだ万全とはいえず、生活担当職員の配置基準の少なさなどの課題に加え、複雑化した子どもたちの課題に対する治療的な取り組みや自立支援に向けた実践まで求められている現状です。このような背景から、児童養護施設への心理療法担当職員配置は平成一二年度より始まり、個人の心理療法やグループ支援、生活場面との協同を目指した支援など、さまざまな取り組みが報告されるようになりました。本稿では、ある児童養護施設での臨床動作法を用いた心理援助の実践について紹介しますが、施設はその成り立ちや構造、職員の呼び方に至るまで多様であり心理的援助の形も施設の数だけやり方があるといえます。実際に臨床動作法を導入する際には、対象となる子どもたちの特性や施設風土を十分に汲み取ったうえで適用していく必要があるでしょう。

児童養護施設における臨床動作法の意義

人生早期に養育環境からの分離を経験し、十分な愛着形成経験が乏しい児童らにとって、自己や家族などに対する気持ちに焦点を当てた介入は難しく、言語化が難しいことも珍しくありません。そこで、前言語的な働きかけが有効な場合があります。特に中高生は、不定愁訴のような形で頭痛や肩こりなど身体面の訴えが増加したり、行動上の問題が多様に表現されたりする時期です。坪井（二〇一二）は、施設入所児の「身体的訴え」は素直に感情を表現できない子どもたちの愛情欲求のサインである可能性を示唆しています。「身体的訴え」は非行などの行動に比べ見過ごされがちな問題でありますが、その背景にある依存や愛情欲求に適切に対処していくことが重要であると指摘されています。臨床動作法は、児童らの身体的な訴えを自然な形で支援に結びつけることができるという利点もあります。身体的訴えをきっかけとして臨床動作法での支援を開始し、それを足がかりとして継続的な心理療法援助に導入するということもありますし、言語やプレイなどを用いた心理療法の期間中の一時期に臨床動作法を導入するということも考えられます。

臨床動作法を用いることで児童が自分のからだの感じに注意を向け、自分のからだを弛めたり、自分のからだを意図に応じて動かすという体験を積むことを狙うことができます。

中間（二〇一一）は、身体は自己意識の基盤であると述べています。直接見ることができ、また触れることのできる身体という物理的存在によって、私たちは自己の存在を繰り返し確認することができます。身体感覚を通した自己存在の確認は最も初期から存在し、生涯を通して自己にとって中心的な役割を果たすといえます。鶴（二〇〇七）は、自分のからだを思い通りに動かすことがクライエントに「自分の自在となるからだという実感」や「自分のからだに対する確かさの実感」をもたらすことを指摘しています。自己身体の確かさの実感は、具体的で現実的な自己の基盤を確認する作業といえます。動作課題の中で、からだを意図通りに動かしたという一致感や対応感が得られたならば、これは家庭環境の基盤が乏しい施設入所児童にとって、有用な体験となり得るのではないかと考えられます。また、入所児は集団生活という対人的な刺激が多い環境で暮らしています。その中で常に他者と過ごす緊張をもちながら生活している児童も多く、自分で自分のからだを弛めるという体験が重要な意味をもつ児童もいます。

臨床動作法におけるコミュニケーションプロセスに注目すると、動作プロセスにおいて援助者は動作者の瞬間、瞬間の動きを捉え、フィードバックすることができます。このように現実的で実感の伴う対人的コミュニケーション体験は、安定した対人関係が乏しい入所児にとって、自分が受けとめられる体験へとつながるものと考えられます。

個別心理支援への導入

児童の中にはそれまでの経験からからだに対する過敏性や違和感をもっている児童もいます。児童それぞれが持つ身体感覚によく注意を払い、導入に際しては、何をするのか、どのような効果が期待できるのかを共有してから始めると良いでしょう。〈からだを楽にすることで気持ちもリラックスさせていこう〉など、何をするかモデルを見せながら分かりやすい言葉で児童に伝えます。また導入期には、椅子坐位など日常動作に近い姿勢の課題から導入することや、大きな動きで分かりやすい課題から導入することを心がけます。導入期の具体的な課題としては、椅子坐位での肩上げなどが取り組みやすいようです。援助者が児童に触れて援助する際には、触れることを前もって伝え、ソフトに、しかししっかりと支援するようにします。児童の中には、触れるだけでくすぐったがったり笑い出してしまったりする児童もいます。そのような場合には課題に導入することを焦らず、触れた時と触れてない時の感覚の違いを聞いたりしながら、安心感をもって触れられるという体験ができるまで待つことにしています。セラピーマットが使用できる際には、あぐら坐位で背中を真っ直ぐにして坐る直の姿勢づくりなどが、普段と異なる坐り方をしていることが分かりやすく、スッキリした感じが持ちやすいようです。また、側臥位での躯幹のひねりなどもからだの感じの変化がつかみやすい課題として挙げられます。年長児などは、導入時に片足立ちなどを遊び感覚でやってみて、左右差や力の入れ方のアンバランスさを自覚させてから動作課題に導入することにより、モチベーションを高めたり課題を明確にしたりするという工夫をすることもあります。

グループアプローチとしての導入

入所児の生活は、職員と関わる時間よりも子ども同士で関わる時間のほうが圧倒的に長いです。子ども同士の関係が助けになることもあれば、さまざまな葛藤の要因になることも少なくありません。

そこで、筆者らは援助者の見守りがある中で児童同士が安心して集団で自分らしくいられる体験を目指して臨床動作法を用いたグループアプローチを行ってきました。

具体的な経過は後述しますが、グループアプローチは集団であるがゆえの対人緊張のため、グループ形成に難しさが生じる可能性もあります。日常の児童同士のふざけあう関係がそのままセッションに持ち込まれたり、過度に気を使ったりという難しさがみられることもあります。なるべく安心できる関係性をつくれるよう、人数を調整したり十分な人数のスタッフを準備したりするなどの工夫が必要でしょう。

■事例

――児童養護施設の中高生女子への臨床動作法を用いたグループアプローチ

概要

A児童養護施設での実践を紹介します。A児童養護施設では、個別心理支援に加え、中高生女子、中高生男子を対象にそれぞれ臨床動作法を用いたグループアプローチを行っていました。グループの目的として、①集団場面で安心して自分らしくいられる体験をもつこと、②児童同士で支えあう体験をすることの二つを挙げ、月に一回、日曜日の夕方に一時間半程度行いました。児童には、「ストレスを楽にするためにリラックス体操をする」と案内し、時間と場所を書いたポスターをつくり園内に掲示しました。しばらくは自由参加形式をとりましたが、メンバーが固定されてきた頃からクローズド形式としました。グループの進行を行う筆者の他に、グループごとにトレーナー資格を持つ臨床心理学系大学院生二～三名に援助者として入ってもらい、グループ全体の補助をしてもらいました。参加者には毎回セッションの最後に感想シートを記入してもらいました。

以下に、A児童養護施設で臨床動作法グループを開始した際の一年間の経過について紹介します。

経過

［第Ⅰ期：臨床動作法の導入まで（第一回～第三回）］

施設内にポスターを掲示し参加者を募ったところ、一〇人弱の中高生女子が心理室に来室しました。椅子を円形に配置していましたが、ふざけて心理室の備品や収納していた遊具を持ち出したり、興奮している様子でした。グループとして落ち着いた活動ができませんでした。A児童養護施設では、心理士の関わりは個別の心理療法を中心としており、通常は複数の児童で心理室に入ることを制限しています。初めてのグループ活動に参加者は戸惑いながら高揚した状況であったと考えられました。

それを受け、二回目はポスターにも《ストレス解消を目的としたグループ活動》と目的を強調して伝えました。二回目は、初回ほどの混乱はみられず、部屋に準備していた椅子に坐りプログラムの進行を待つことができました。グループの進行役から、〈今ストレスを感じるか？〉と問い、参加者各々に「ストレスがたまる時」と「自分でやっているストレス解消法」をカードに書いてもらい、それを大きな模造紙に貼って皆で共有をしました。そして臨床動作法を〈からだも気持ちもスッキリさせるリラックス法〉と説明しモデルを見せ、椅子坐位での肩上げ課題を行いました。その後、子ども同士のペアでそれぞれ援助者と動作者の役割をとり、椅子坐位での肩上げ課題を行いました。それぞれのペアに一人援助者がつくようにしました。参加者に感想をきくと、「誰かに触ってもらったほうがじっくりゆっくりできた」「落ち着いた感じ」「ほっとした」などと述べていました。

三回目のセッションでは、冒頭にグループの進行役から〈グループ活動でどんなことができたらいいなと思っている？〉と尋ねると、「リラックス」「きれいになりたい」などの発言が出されました。そこで臨床動作法を改めて、〈日々の疲れやストレスをリラックスさせる方法〉と説明し、今後はグループ活動で臨床動作法を中心としていくことを説明しました。心理室にセラピーマットを敷き、あぐら坐位で肩上げ課題を行うことにしました。援助者がモデルを見せた後、あぐら坐位で参加者それぞれが一人で行う肩上げ課題を提示しました。閉眼してもよいことを伝えると、数人は目をつぶり、じっくり取り組もうとしましたが、他の一人が笑い出し、それに対し他の参加者が「まじめにやろうよ」と笑い出した参加者を注意するという様子で、落ち着いて課題に集中することができませんでした。笑い出した参加者は緊張場面に一人で取り組めなかったものと考え、すぐにペアの課題に移りました。子ども同士ペアをつくり、援助者がそれぞれのペアの援助者としてペアを援助できるような構造をとりました。援助者役割をとる参加者には〈相手の動きに注目すること〉〈相手が気持ち良くなるようにやさしく触ること〉と教示し、まず触り方の練習を行いました。また、課題が終わった時には、参加者同士で互いに感じを聞きあうように促しました。すると、一人で課題を行う際には笑い出してしまった児童も、「どこを触るの？」「どうしたらいいの？」と一つひとつ援助者に教わりながら他児の援助を行いました。戸惑いながらではありますが、動作を行っている相手の動きにじっと注目するような様子でした。セッション後半には動作者の動きを見て、「あ、今力が抜けたよ」と自発的にコメントする様子もみられました。感想シートには「普段は味わえないリラックスを味わえました」「（援助をしている時に）相手がどう思っているか気になった」などの感想が書かれました。

［第Ⅱ期：ペア・リラクセイションを中心とした活動（第四回〜第一〇回）］

四回目のセッションでは、これまで行っていたあぐら坐位での肩上げ課題に加え、側臥位での躯幹のひねりの課題を取り入れました。まず援助者がモデルを見せました。特に援助者役の援助の仕方に関しては丁寧に説明し、〈相手の動きに合わせてそっと手を置き、押さないこと〉〈相手が気持ち良くなるように相手の感じを聞きながらする〉などと説明しました。

参加者同士のペアごとに一人の援助者がつき、補助をしました。参加者は初めての課題に試行錯誤しながら「ここは痛い？」「ここはどう？」とお互いに感覚を確かめながらやろうとしていました。感想をきくと「気持ち良かった。Bちゃんが押さえるのが良かった」など、援助者役の援助が良かったという発言も聞かれ、お互いを思いやるようなやり取りがみられました。五回目から八回目は、四回目と同じ流れで、ペアであぐら坐位の肩上げをした後、側臥位で躯幹のひねりをしました。回を経るごとに少しずつ自分のからだに集中する感じや援助者役割をとった時に、相手の力が抜けるように工夫する様子がみられるようになりました。特に躯幹のひねり課題では、援助者役が「相手が気持ち良さそうだと嬉しい」と言うこともあり、肩甲骨の裏あたりを軽く触り「この辺の力が抜ける？」と問いかけてみたり、手を当てる部分を変えてみたりと援助者の工夫がよくみられました。感想シートにも「相手がどう思っているか気になった」「相手が気持ち良さそうだと嬉しい」「相手の変化が分かった」など動作を介して、相手の状況を察し、相手の気持ちに沿おうとする感想が増えました。セッション開始時には、参加者同士できつい言葉をかけあうような様子がみられることもありましたが、セッション後はなかなか居室に戻ろうとせず、参加者で穏やかに施設のことや学校のことを話すような様子が見られるようになりました。

毎回終了時に参加者が書いた感想シートをまとめると「居場所を感じた」という項目の平均値が最も高く、「楽しかった」「ほっとした」「リラックスした」という項目がすべての回において5点満点中全員3点以上をつけていました。また、「自分らしくいられた」「相手に任せることができた」という項目の平均点は回を経るごとに高まっていました。

援助をふり返って

参加者はグループ活動に来室した際には毎回興奮気味でしたが、動作課題を導入すると次第に落ち着き、じっくりと課題に取り組む雰囲気が見られました。援助者の手助けを借りながら、自分のからだを自分で弛めていく、時にはコントロールしていく体験に繋がったのではないかと考えられます。また、「肩が凝っているからストレスがたまっている」などの報告が多く見られました。動作課題を行うことにより自分のからだへの気づきを得ることができ、そのようなからだの感覚を手がかりとして自己の心的状況を推測しようとする様子が見られるようになりました。

児童同士でペア・リラクセイションを用いた場合、導入期は援助者役割をとることへの戸惑いや遠慮がみられながらも、次第に互いにからだの感じを聞きあうなど児童同士がいたわりあうやり取りが随所にみられるようになりました。他者の気持ちを推測しようとしたり相手の気持ちに沿おうとする姿勢がよく見られました。一方で児童同士でのペアは生活を共にする者同士だからこその照れや気恥ずかしさも見られました。児童同士の援助関係を支援する援助者の存在が不可欠であると考えられます。山中（二〇一三）は、ペアリラクセイションを行う際の注意点として、導入の工夫、トレーナーの働きかけ方の教示等を挙げています。そしてペアリラクセイションを導入する準備段階として、自己や他者のストレスに関する話を聞いたり、援助者役が相手を触る際に「小さなヒヨコをそーっと掌に包み込むように」など援助者役の動作援助に関するイメージを賦活化させるような教示を行うなどの実践の工夫を挙げています。本グループ活動においても、ペアリラクセイションに導入する工夫をより丁寧に行う必要があったと考えられました。

近年、虐待を受けたクライエントへの支援として身体的なレベルでのアプローチが注目されています。児童期の虐待など慢性的な外傷の経験は自己概念や世界観など認知や情動に影響を与えるだけでなく、感覚運動反応や身体感覚など広範囲にわたり影響を与えることは多くの研究者が指摘するところです。ヴァン・デア・コーク（Van der Kolk, 2015）はトラウマを抱えた子どもへのアプローチとして、コンピタンスの確立、トラウマの再演への対応とともに、からだ遊びなどを通じて身体的なレベルでリラックスやからだの統御感を体験する必要があると指摘しています。オグデン（Ogden, 2006）は、トラウマ症状の多くは身体的生理的に駆り立てられるものであるので、トラウマ治療にあたっては従来の言葉による認知的働きかけによる治療モデルではなく、からだへのアプローチが必須であると主張しています。そしてオグデンは「センサリモーター・サイコセラピー」という感覚運動心理療法を提唱しており、その中でクライエントは自分の身体感覚を観察し、それに伴う不快感や痛みを外側から観察する姿勢を作っていくことが重要な意味を持つと述べています。

　臨床動作法が虐待を受けた児童の支援にどのような可能性を持つのか、またその作用機序はどのようなものか、現時点では明確ではありません。しかし、からだの統御感が必要なクライエントに対し臨床動作法は大きな可能性があるのではないでしょうか。今後の研究の発展とさらなる実践の積み重ねが必要と言えるでしょう。

文献

厚生労働省（二〇一九）社会的養育の推進に向けて（平成31年4月）https://www.mhlw.go.jp/content/000503210.pdf（二〇一九年七月二三日一二時一五分）

中間玲子（二〇一一）「自己理解の発達」子安増生（編著）『新訂　発達心理学特論』放送大学教育振興会　六三～八一頁

坪井裕子（二〇一二）被虐待児のロールシャッハ反応の特徴と問題行動との関連『人間と環境（電子版）』三巻　三五～四四頁

鶴光代（二〇〇七）『臨床動作法への招待』金剛出版

Van der Kolk, Bessel A.（2015）*The body keeps the score: Brain, mind, and body in the healing of trauma.* Penguin Books.

Ogden P., Minton, K., & Pain, C.（2006）*Trauma and the body: A sensorimotor approach to psychotherapy.* W.W.Norton & Company.

山中寛（二〇一三）『ストレスマネジメントと臨床心理学：心的構えと体験に基づくアプローチ』金剛出版

実践11
地域臨床における臨床動作法（I）

久　桃子・藤原朝洋

援助対象と実践方法

現在、動作法はさまざまな対象に適用されており、地域における支援においても用いられています。特に地域在住高齢者への健康支援としての動作法の適用が広がりをみせています。他にも地域臨床における動作法の適用として、障害児・者の保護者に対する健康動作法による支援（藤原・他、二〇一一）や、動作法による被災者支援（冨永、一九九五）も地域で取り組まれています。地域臨床における動作法の取り組みは、障害や病気の有無にかかわらず、健康支援や介護予防、生きがい支援などを目的として、幅広く行われるようになっています。本稿では紙幅の限りもあるので、地域在住高齢者への個別支援とグループ支援による実践を紹介します。

地域在住高齢者に対する健康づくりや介護予防などのアプローチは、多くの場合、心理的なニーズからではなく、身体的なニーズから始まります。藤原・針塚（二〇〇九）の臨床事例でも、参加者は心理的な問題を訴えることは少なく、多くは身体的な悩みが主訴となっていました。高齢者の多くは膝や腰の痛み、コリやしびれを訴え、成瀬（一九九二）が指摘するように躯幹部の硬さや、姿勢のゆがみが顕著になってくることが高齢者の身体的な特徴として挙げられます。針塚（一九九八）は、からだを自由に動かすことができない経験は物理的な不全感を生じさせ、自分のからだについての自信を失わせるとし、身体機能の低下は日常生活活動を消極的、受け身的な方向に導くとしています。老化に伴う、からだのゆがみやそれに伴う痛みは、高齢者の生活を消極的、受け身的にする可能性が考えられ、これらの問題は閉じこもりなどの問題にもつながってくると考えられます。また、老化に伴う身体機能の低下は、高齢者にとって不可避な体験であると同時に、大きな喪失体験を伴います。以前はできていたことが、身体機能の低下やからだの不調からできなくなることは、身体的な自己概念と生活体験のズレを生じさせます。これは自己を根底から揺るがす事態であり、そのために新たな自己の捉え直しが必要となってきます。

高齢者の自体感は漠然とし、からだの動かし方や、からだに対する捉え方に固さが出てくることが指摘されています（成瀬、一九九二）。臨床動作法で自体を扱ってもらう体験は、言語的なアプローチと異なり、直接的で実感を伴った体験となりやすく、臨床動作法の面接の中で実際にからだを動かしながら現実の自体に向き合い、「今、ここ」で起きている体験や実感について援助者とともに確認することで、これまで漠然としどう対処していいのか分からなかった自身のからだに意識を向け、実感をもって変化を感じることが可能であると考えられます。このように、自体に対して受け身的ではなく、自ら主体的に働きかけ、少しでも自分で何とかできたという体験は、自体への自信につながり、不全感の低減にもつながることが考えられます。さらに、そのような感覚が地域在住高齢者の生活への積極性を生み出すことも考えられます。また、成瀬（二〇〇〇）は、高齢者に対する動作法において、自体というものを実感することで、自分自身の存在感、普段の自分というものの継続感・確実感や自信・やる気・積極感に重要な関わりをもつとしています。よって、高齢者の自体感を引き出し、からだに主体的に関わっていく体験は、ゆらいでいた自己に確実性、連続性をもたせ、あるがままの自体を受容し、身体機能の低下に伴う不安を解消していくプロセスともなり得ます。

以上のことから、地域在住高齢者が訴えるからだのゆがみや硬さ、それに伴う痛みやコリに対し、臨床動作法を用いてアプローチすることを通して、高齢者自身の生活に対する態度や、身体機能の低下に伴って起こる、自己のゆらぎや、そこから生じる不安等、心理的側面に対してもアプローチが可能であると考えられ、地域在住高齢者に対する支援として臨床動作法は有効であると考えられます。

実際に地域在住高齢者に動作法を実施する際には、前述した体験をより実感してもらうためにも、一対一のやり取りが有効であると考えられます。しかし、実際の地域での支援の場では、参加者の数が多く、集団で実施可能な活動が取り入れられやすい傾向にあり、そのため実際の現場では、集団で体操を行ったり、太極拳やゲートボールなどの運動をしたりするプログラムが多いように思われます。実際に地域の場で活動を行っていると、一対一での対応が人手と時間の問題からできない場面にも多く遭遇します。よって、現在筆者らは、地域での活動の際には人数や時間によって、マンツーマンでの動作法を行うこともあれば、セルフ・リラクセイションやペア・リラクセイションを取り入れた集団活動として行う場合もあり、ニーズや状況に合わせて臨機応変に対応しています。一対一での事例とあわせて、グループでの事例についても、次節で具体的な実施法などを記述します。

■事　例①

――半身不随の後遺症をもちながら、山村で自給自足の生活を送る七〇歳女性

概　要

市が行う地域在住高齢者への健康づくり活動の中で、臨床動作法による支援を行いました。対象地域は人口約三〇〇〇人、高齢化率約五〇パーセント、棚田が目立つ山村で、高齢者のみの世帯や独居の高齢者も多い地域です。参加者に対するニーズの聞き取りの結果、参加者の多くが「からだに対する不安」や「交流が少ない現状の寂しさ（孤独感）」をもっていることが分かりました。そこで、からだに対する不安の低減と日常生活活動における積極性や意欲の向上を目的として、臨床動作法の活動を行いました。

毎回の参加者は一〇名～二〇名で、援助者は五名～七名。援助者一名につき二～四名を担当しました。場所は地域内の公民館で、臨床動作法はリラクセイション課題を中心として、月に一度、二時間程度の枠で、一人の参加者に対して四五分程度実施しました。合間には休憩時間をもち、参加者と援助者でお茶とおやつを共にしました。

経　過

［導　入］

グループ参加者は七〇歳から八五歳の地域生活高齢者で、多くは自給のための田畑を耕しています。臨床動作法の説明は「肩こりや腰痛でお困りの方、グッスリ眠れない方、ストレスでお悩みの方、その他、特に病気ではないが、何となく不調な方」を対象として「からだを動かしながらゆったりとリラックスし、心身

をリフレッシュすることを目的とする」と伝えました。援助者の参加者に対する働きかけは、リラクセイション課題を中心として、自分のからだのあり方に気づき、それに取り組むことで、リラクセイション体験をしてもらうことをねらいとしました。また、援助の中で参加者の各部位の痛みや不具合、さらに生活に対する不安についても語られることが多く、それに対しては傾聴を心がけました。

次に、一人の参加者について報告します。独居で生活される女性で、七〇歳。家の前の畑を耕し、自給自足に近い生活をしています。子どもは住所から車で三〇分ほどの町中に住んでいます。半身不随の後遺症で右半身を動かす際の痛みや不自由感をもっていました。また、生活上の不安をもち、今後の見通しについては「からだが動かなくなったらここにはもう住めない」とやや否定的な捉え方をしていました。この方に対して月に一度、五回の動作法を実施しました。

［実　施］

初回の参加時は、躯幹のひねり課題でからだの動きも小さく、弛む感じも分かりにくそうな様子でしたが、感想では「腰がとても楽になった。坐るのが楽」と安定感について語り、「（変わらないと思っていたが）これからも動作法をすればからだがよくなるのでは」と期待を語られました。

二回目と三回目の参加時は、躯幹のひねり課題で弛める部位を意識するのは変わらず難しいが、課題の中で少しずつ主体的な動きが出てきました。Aさんも「分かります」と弛む感じや動きを感じていました。感想では「からだが軽くなる。腰の調子がいい。肩こりの痛いのがなくなった」と話されました。

四回目と五回目の参加時は、課題に対してとても集中して取り組んでいました。また、それまでは〈困っていることは？〉と援助者が質問してもからだの痛みについてのみ話されていたのが、「いつも困っていることは買い物に行くのに歩くこと。休み休み歩く」と、生活の中での困難やそこでの対応などについても自然と話されるようになりました。「最近は歩くのに腰が痛くなくなった。伸びなかった腰も少し伸びてきた」と、日常の中でも自体の変化に気づくようになったことを語られました。また「自分だけが弱くて何もできないと思っていたけれど、みんなそうだった。(自分だけがたいへんという気持ちでいたのが)恥ずかしい」と、動作法の中での気づきについて語られ、「一度倒れてからは、(これから)悪くなるんじゃないかと心配だったが、痛みがなければ(そのことも)忘れる」と、痛みの軽減が不安の軽減につながったと語られました。また「自分のからだも自分で知っておいたほうがいいのかと思う」、「ここに来るのが一番の楽しみです」と、考えの変化や日常の中で楽しみができたことを語られました。

活動を終了して後日、経過を伺いに訪問すると、「停留所からも歩いているけど、それが楽しい」「やっぱ努力せんと。自分のからだですから。よかほうに向いたから少しがんばればどうにかなるかと思うようになった。前はそんなふうには考えてなかった。(以前と違って)なんでん自分でせんなという気持ちになった」と、生活に前向きになったことを話されていました。

援助をふり返って

今回、報告した女性は身体的な痛みや不安を主訴として活動に参加されました。それが動作法の体験によって、痛みの軽減が不安の軽減につながり、日常生活の中でもからだの痛みが改善されたことに気づくようになりました。そのような気づきが日常生活で活動への取り組みの変化にもつながりました。この女性に限らず、参加者の多くはからだの痛みが日常生活や今後の不安につながっていました。それが身体的な痛みの軽減によって、日常生活や今後の不安が軽減したと考えています。

実施した動作法はリラクセイション課題の躯幹のひねりや背反らせを中心に行い、まずは自身のからだの硬さへの気づきを促し、痛みや普段の苦労を労いました。課題に取り組む中で、徐々に弛む感じが出てくると、その感じをじっくりと体験してもらい、少しずつ自分で取り組んで、自分で弛めることを促していきました。そうやって自分ではどうにもならないと諦めていたからだの不具合を、自分で努力して改善できたという体験が、日常生活への前向きな取り組みを促したと考えています。

また、これまで自分一人で抱えていた身体的な痛みや不安を援助者と共有することや、他の参加者も同じように身体的な痛みや不安を抱えていることに気づくことも不安の軽減につながったと考えています。自分に寄り添ってくれる援助者の存在や自分の仲間の存在に、心強さを得て、自分の課題に向き合い、努力することができたのではないかと考えます。

■事　例②
――地域に暮らす高齢者を対象とした健康支援グループにおける臨床動作法の実践

概　要

S町では、六〇歳以上の介護保険で要支援以上の認定を受けない高齢者を対象にした生きがい活動支援事業の一環として「Tスクール」が行われています。筆者はこのTスクールで月に一回、X年度では年間九回の回想法・心理劇・動作法を用いた活動を行いました。

Tスクールには全体で二四名が参加し、筆者らが活動する際には、さらにそのグループを固定の一グループ六名～八名の三～四グループに分けて活動を行っています。

本事例では、その小グループでの取り組みについて報告します。小グループには援助者二名が参加しています。活動時間は午後の二時間で、最初の一時間は回想法や心理劇が行われ、休憩を挟んで後半の一時間で動作法（セルフ・リラクセイション、ペア・リラクセイション）が行われます。

経過

［導　入］

進行役と補助役に援助者の役割を分けました。動作法のねらいとして、自分のからだにじっくりと意識を向け、痛みが消えた、すっきりしたというようなからだの変化を体験することとしました。グループでは参加者の動作に即時にフィードバックしていくことが難しくなります。よって、より体験を意識化してもらうために、導入については丁寧に行いました。例として、「こころとからだはつながっていて、からだの緊張を抜くとこころの緊張もふっと楽になったりする」と、自身の緊張やそれに伴っている心理的な体験について焦点を当ててオリエンテーションしました。

また、ペアになり、片方の参加者に腕を持ってもらい、力を抜いて腕を預けられるかを体験してもらったこともありました。参加者からは「力を抜くって難しいんやね」というような感想が聞かれました。そこから、進行役の援助者が「普段気づかないところに緊張が意外と入っていて、それが肩こりにつながったりするんです。今日はその力を抜く練習をしてみましょう」というように導入しました。

［実　施］

課題としては、首回しや首を伸ばす課題、肩上げ、肩開きなど、椅子に座ったままでき、簡単に取り組みやすいと思われるものを多く取り上げています。

首を伸ばす課題では、まず最初に首をゆっくり回してもらいます。そこで進行役の援助者は「ここが痛いな～、回しにくいな～っていうのを感じてくださいね」と、ゆっくりとからだに意識を向けるよう声かけをします。その後右に首を倒し、首が張っている感じを確認しながら、その張りや痛みを感じながら、しばらくそのままとどまってみます。その後ペアになり、片方が援助者役割をとります。援助者は、動作者の肩と傾けた頭にそっと手を置くように指示し、進行役の援助者は「絶対にぐいぐい押したりしないでくださいね」と注意点を説明します。そして、一人で行った時と同じように、首の張りや痛みを感じながらそのままとどまり、からだの感じが変化していくことに意識を向けてもらいます。援助者が参加者に「手を置いてもらいましたがどうですか?」と質問すると、動作者からは「手があると全然違うね」、「安心する」といった感想が多く聞かれました。また、援助者役割と動作者を交代し、どちらの体験もできるようにしました。

肩上げ課題では、まず一人で肩上げをやってもらいます。椅子にやや浅めに坐り背筋を伸ばした状態で、ゆっくりと両肩を上げてもらいます。上げられるところまで上げてもらい、「今ぎゅーっと痛みが入っているのを感じてますよね。それをゆっくり抜きながら肩を下ろしていきましょう」と、進行役の援助者が声をかけます。ゆっくりと力が抜ける感覚に注目してもらいながら肩を下ろしていきます。最後に抜けたところで「さっきぎゅっと入ってた肩の力がふっと楽になりましたね。その感じを大切にしてください」と、常に意識してほしいからだの感じを進行役は参加者に伝えていくよう心がけました。ペアになってもらい、援助者役割には、肩にそっと触れて、動作者が動くのについていくように指示しました。ここでも首を伸ばす課題と同様に、ぐいぐいと押したり、動作者の肩を無理に動かしたりせず、動作者の動きにやさしくついていくことを伝えました。最後に動作者の肩が下りたら、あくまでも軽くやさしく、少し負荷をかけるように動作者の両肩に掌を置きます。そうすると、さらに動作者の肩がふと下りて、力の抜ける感じが動作者により感じられるようでした。「右のほうが上がってるなとか、左右に差があると思うので、そういうところも注目してみてください」と、動作者のからだに援助者の注意が向くよう伝えました。実施している最中には、援助者役割の高齢者から「あんたよく上がっとるね」などの声かけが聞かれました。

援助をふり返って

グループが始まると、参加者は次々とからだの不調を訴えていました。しかしセッションを重ねるごとに、最初はおしゃべりが多かった参加者同士も集中して取り組む様子がみられ、認知機能が低下し「もう何もやってもだめです」と言うBさんが笑顔で「からだは私よく動くみたい」と述べました。このようにグループの中でも自体に注意を向け、自体の変化を感じる中で、もうどうにもならないという思いから、「自分もできる」といった積極的な気持ちがみえるようになったように感じられました。また、援助者役割と動作者役割を両方とることで、他者のからだに注意が向き、さらにそれが自体の理解につながったり、みんなもたいへんさを抱えながらがんばっているという気づきが得られるなど、高齢者同士の交流だからこそ生まれる体験もありました。

補助役の援助者は、強い緊張が入っている動作者がいたら援助者役割の高齢者の補助を行ったり、全体を見ながら適宜介入していきました。さらに、参加者の中には他者にからだを触られることに抵抗がある方もいたので、その際には補助役の援助者がペアを組み、個別の対応をしながら援助することもありました。グループで臨床動作法を行う際には、一人ひとりに対して細やかな対応が難しい場合もありますので、このように、それぞれの参加者についてアセスメントし、課題を吟味したり、援助者が補助することが必要です。

文献

藤原朝洋・本吉大介・エルナンデス コイノール・細野康文・座間味愛理・田中沙来人・吉川桃子・瀬戸山悠・針塚進（二〇一二）肢体不自由の子どもを持つ親に対する健康動作法『九州大学総合臨床心理研究 三巻』一二七～一四二頁
藤原朝洋・針塚進（二〇〇九）地域在住高齢者へのグループ動作法の試み『リハビリテイション心理学研究 三六巻』三一～四二頁
針塚進（一九八八）高齢者の心身の活性化のための体を通した援助の意義と方法：動作法適用の理論『九州大学教育学部紀要 三三巻』二七～三六頁
成瀬悟策（一九九二）高齢者臨床における動作法の心理学的意義『リハビリテイション心理学研究 二〇巻』三九～四八頁
成瀬悟策（二〇〇〇）『動作療法：まったく新しい心理治療の理論と方法』誠信書房
冨永良喜（一九九五）被災された方への動作法 阪神・淡路大震災からのレポート『臨床動作学研究 一巻』五三～五七頁

実践12
地域臨床における臨床動作法（Ⅱ）

古川　卓

援助対象と実践方法

臨床動作法は当初から「心理リハビリテイションキャンプ」（以下、キャンプと略す）として、障がい者とその家族や専門家（研究者、学校教員、その他医療・福祉従事者、学生など）による集団を形成してきました。このキャンプは原則として参加者全員が合宿して行う活動です。キャンプは臨床動作法を研究・実践・教育する場であると同時に、キャンプに参加する障がい者の保護者にとっては子育ての悩みを共有する場になっています。全国各地で、このキャンプ——つまり臨床動作法の実践活動——を継続的に実施するために保護者の組織が結成されています。そしてこのキャンプへの参加は複数年にわたり継続することが多いこと、また、地域内の特別支援学校の児童生徒が多数参加することから、参加する障がい者および家族同士のつながりは、目的を同じくするいわば同志的結合が色濃い関係に発展していくようです。つまり、キャンプには「臨床動作法による地域支援」という性格があるといえます。二〇一六年現在、設立四〇年を超える歴史のある親の会は複数あり、キャンプの構成員の年齢幅は広く、参加する障がい者は青年期ばかりでなく、成人そして壮年へと広がり続けているのが現状といえます。

ところで、当事者である脳性まひ者はキャンプへの参加をどのように自覚しているのでしょうか。臨床動作法発展の母体といえる「心理リハビリテイション研究所」（福岡県）が発行する機関誌『ふぇにっくす』第五三号に「成人トレーニー座談会：訓練のとらえ方を中心に」という特集記事があります。これはやすらぎ荘で行われた心理リハビリテイションキャンプの期間中、成人の参加者を募って開催した座談会の模様を収めた記事です。参加者の多くが子ども時代には「親に連れられ」参加し、それぞれがある理由で中断し、そして再開したいきさつを語っています。ある青年は「中二の終わりで受験があるから中断して、その間も訓練（筆者注：臨床動作法を指す）はしてもらったりしてたんだけど、二年ぐらいやすらぎ（筆者注：やすらぎ荘でのキャンプ）を休んで、その後まあ、みんなが来るからということで、訓練という意識がなくて遊び半分で来てて。なんせ二歳の時から来ているから。でも、今は自分のお金で働いてここに来ているでしょ、そうするとやっぱり訓練は必要なんだって思って、自分でお金出してもここに来ないといけない。別の場所もいろいろあるだろうけど、自分のスタイルに合ったところで訓練したいから」と語っています。この語りでは、「受験」という自立に向かう過程の中で、一旦、臨床動作法から離れた後、「みんなが来るから」というわば仲間への思いをもとにして再開、そして「自分でお金出しても」という積極的な自己決定による参加を選択した経過が注目されます。ここには児童期から思春期、そして青年期に至る発達課題が、臨床動作法との関わりにも見てとれます。また、他の参加者からは、青年期になって心身の不自由さ・不調が増し、将来や社会生活への不安が募り、その危機感ゆえに臨床動作法を再開したエピソードが語られています。以上は心理リハビリテイションキャンプの経験者の語りですが、ひろく青年期脳性まひ者に当てはめて考えてみますと、①自己の発達課題に応じた障がいとの向き合い方があること、②青年期以降に心身の不調が増すと心理的にも不安定な状態になる、などの特徴にまとめられます。

先に述べたように、キャンプは臨床動作法による地域支援といえます。井村・古川（二〇〇四）は、沖縄県で実施されている成人を対象とした「青春キャンプ」の活動を紹介しています。特別支援学校を卒業すると臨床動作法に取り組む機会がなくなり、からだが硬くなったり痛くなったりして困るという脳性まひ者の訴えをきっかけに「青春キャンプ」は始まりました。当初は保護者が準備していましたが、その後、当事者である成人の脳性まひ者が企画・運営するキャンプに移行していると報告されています。参加する成人の脳性まひ者は動作者であると同時に、場所（活動場所、宿泊施設）や参加者（当事者、援助者、介護ボランティア含む）、運営資金の確保およびスケジュールと内容の立案など、単に参加するだけでなく、運営面にも責任のある主催者の立場で参加します。一方、臨床心理学の専門家は、特に日本リハビリテイション心理学会でスーパーバイザーとして認定された者が、臨床動作法の実施と研修、キャンプ運営全般にわたる助言を行いますが、同じ指導者が継続してその役割を果たしているので、専門家自身も地域の一員として参加しているといえるでしょう。

■事例

――青年期脳性まひ者の地域支援として二〇年間継続中の「おとなキャンプ」

概要

一九九八年三月某日、A大学卒業式の日。筆者が職場の玄関で、色とりどりの晴れ着を装った卒業生を見送っていると、障がい児の保護者会の代表が当地の心理リハビリテイションキャンプに参加した卒業生に贈る花束を抱えて現れました。卒業生への心遣いに感謝を述べると、筆者に来週の週末は空いてないかと尋ねました。筆者が予定なしと回答すると、心理リハビリテイションキャンプを卒業した成人でお泊まりを計画しているのだけれど、動作法の時間を計画していて、その指導に来てもらえないか、と告げられました。これが筆者の「おとなキャンプ」（仮名）参加の経緯ですが、その頃には既に当事者、保護者、協力する特別支援学校教員によってすぐにでも実施可能な段階まで準備は進められていました。

心理リハビリテイションキャンプを実施するためには、参加者（障がい当事者：以下、トレーニーと呼ぶ。保護者、動作法実施者：以下、トレーナーと呼ぶ。動作法指導者：以下、スーパーバイザーと呼ぶ。その他ボランティアなどの協力者）、場所（宿泊設備の整った施設）、経費（会場使用料、食費、講師謝金など）、物品（セラピーマットや記録用紙、生活用品など）が必要となります。「おとなキャンプ」は時々の状況に応じて少しずつやり方を変えながら現在の形をつくってきました。以下では、現在まで一九回を数える「おとなキャンプ」の歴史を便宜的に三期に分けて記述し、青年期脳性まひ者の地域支援における臨床動作法の実践事例として紹介します。

経　過

［第Ⅰ期　一九九八年〜二〇〇一年（第一回〜第五回）］

第一回には、トレーニーと保護者が七組参加しました。特別支援学校の同期生が中心で、いわば保護者同伴の同窓会キャンプといえます。準備から携わった特別支援学校教員二名と筆者がマネージャーおよびスーパーバイザーとして参加しました。また、トレーナーとして筆者とともにキャンプと定例会に参加していた学部学生三名が参加しました。日程は二泊三日で初日に「インテーク」と「動作法」のセッションが一回、二日目に「動作法」のセッションが三回と「集団療法」、最終日には「動作法」のセッションが一回と「親子動作法」のセッションという心理リハビリテイションキャンプに準じたスケジュールでした。しかし、筆者は途中から合流した形であったので深く運営に関わらず「動作法」に関わるセッションのみ参加しました。トレーナーの数が少なかったので、スーパーバイザーが一人ひとりに時間をかけ、「インテーク」は予定の九〇分を大幅に超え、一四〇分に及びました（ただし、トレーニーが実際スーパーバイザーと動作法を行ったのは平均二〇分です）。しばらく動作法から遠ざかっていたトレーニーは動作法に対して「痛いのではないか」と予想していたようですが、年少の頃と違って個々の課題の必然性が理解できるようになっており、積極的に動作法に取り組めたと見受けられました。年齢を重ね、動きにくくなっていた身体部位（動かす機会がなかったためと考えられる）は可動域が広がりやすく、いわば「伸びしろ」として即時的な効果が実感でき、動機を高める一因になったと思われました。夕食後の時間や二日目の「集団療法」はトレーニーと特別支援学校教員、そこに学部学生が加わり、同窓会のように過ごしたと聞いています。翌日、当時普及し始めた「プリクラ」に写ったトレーニーや学生を見て「おとなキャンプ」の名称に似つかわしい時間だったと理解しました。

第二回は恒例のように行われ、トレーニーと保護者は一〇名へと増えました。また、前回の後、保護者の一人から要請があり、地域の作業所の一室で成人トレーニー五名の動作法定例会がスタートしていました。この定例会は翌年一九九九年からA大学の専門科目として開講され、多くの学部学生が参加したことがトレーナー増加の機運となり、トレーニーとトレーナーがマンツーマンで行う標準的な形式でキャンプを実施することにつながりました。また、スーパーバイザーも関与の度を増し、動作法のセッションだけでなく、宿泊してトレーニーの入浴介助などにも関わりました。

［第Ⅱ期　二〇〇二年～二〇〇七年（第六回～第一〇回）］

第Ⅰ期では発起人となったトレーニー母娘に運営の負担が集中していたので、継続するには負担を分担する必要性に迫られていました。そこでトレーニーが「実行委員会」を組織し企画運営を担い始めたことが第一の変化です。スケジュールに組み込まれている研修、集団療法の企画や準備もトレーニーが行いました。例えば、重度の肢体不自由ながら福祉サービスを利用し「一人暮らし」を続けている先輩を講師に招いて体験談を聞くとか、先輩トレーニーの保護者に講演を依頼するなど、日々の関心に寄せた企画が工夫されました。

資金面ではそれまで、当地における児童生徒を中心とした心理リハビリテイションキャンプの保護者会から提供を受けていましたが、その資金造成バザーに「おとなキャンプ」のトレーニーが積極的に関与し、提供を受ける側から資金造成の主体に加わったことが第二の変化です。

第三に、それまでマネージャー（特別支援学校教員）や保護者が担っていたスーパーバイザーへの参加依頼や日程調整をトレーニーが行うようになりました。

これらの変化に先立ち、「打ち合わせ」と称してトレーニーとスーパーバイザーだけ、保護者抜きで会食を催しました。飲酒もアリのいわゆる「おとなの会」でしたが、バイキング形式のレストランで行ったため、スーパーバイザーはもっぱら給仕を務めることとなり、打ち合わせは一向に進みませんでした。以後、打ち合わせはメール、電話に移行しました。

またこの時期に起こったことの一つにトレーニーの顔ぶれの変化が挙げられます。初期のメンバーが就職などで参加が難しくなるとともに、児童生徒世代中心のキャンプに参加していたトレーニーが学齢期から卒業し、「おとなキャンプ」のメンバーと同じライフステージに達しました。新しいトレーニーの受け入れは同窓会的なグループに変革を求められることになり、違和感が表現されたこともありました。しかし結局、実行委員会のメンバーは新たなトレーニーを受け入れる決断をしました。

もう一つ、キャンプ生活におけるトレーニーの介護の面でも新たな動きがみられました。広く行われている心理リハビリテイションキャンプは合宿形式が基本であり、部分的な参加者はいません。しかし、大人の障がい者の移動や入浴の介助にかかる負担は小さくなく、特に高齢期を迎えた保護者にとってはキャンプへの参加が躊躇われる要因になります。日常生活で福祉サービスを利用しているトレーニーにとって、普段付き合いのある介護士などにキャンプでの協力を求めることは自然な発想といえます。結果として、夕方、トレーニーの入浴介助のためにだけ部分的に参加するボランティアが登場しました。

［第Ⅲ期　二〇〇八年〜現在（第一一回〜第一九回）］

現在に至る第Ⅲ期は「おとなキャンプ」のメンバーにさらなる変化が生じました。契機となったのは、当地の特別支援学校校長職にあったスーパーバイザーが退職して福祉施設（障がい者デイサービス事業）に再就職したことに始まりました。障がい者デイサービス事業は生活介護にどのような付加サービスを提供するかで経営が左右されるといわれています。当然、この施設では動作法が提供され、利用者の好評を得ていました。施設職員に動作法の研修が奨励され、その機会として「おとなキャンプ」が活用されることとなりました。同時にその施設の利用者の中から、これまで動作法を経験したことのない人が参加しました。この新たな参加者にとっては集中的に動作法に取り組む好機であり、キャンプにとっては構成員の多様化をもたらしたといえます。このことは、「おとなキャンプ」に地域活動という新たな意義を加える展開といえます。また、この施設が第Ⅱ期で入浴介助ボランティアを派遣した施設であったことも縁を深める要因だったといえます。そして「おとなキャンプ」にトレーナーとして参加していた学生が社会人となり地域の専門家として一定の役割を得たうえで、再び参加し始めました。これらの変化が相まって第一一回キャンプはトレーニー一五組、三班編成で開催されました。以後、年ごとに参加者の増減はありますが継続して開催しています。

援助をふり返って

まず第Ⅰ期の「おとなキャンプ」に参加して印象的だったのは、トレーニーの動作法に対する動機づけが高いことでした。そして、児童生徒とは違ったいわば大人の落ち着きがあり、待つことに対する耐性が高いので、じっくりと時間をかけて動作法に取り組むことができました。この期間の役割分担は、トレーニーは集団療法の企画、特別支援学校教員が会場の手配、印刷物・使用機材・消耗品等の準備、保護者が資金・生活用品・食事などの準備と介助、スーパーバイザーがキャンプ（動作法、研修、生活）の指導とトレーナー集めをしました。このように第Ⅰ期は心理リハビリテイションキャンプの二泊三日版として構造化が進んだ期間といえます。

第Ⅱ期では、トレーニーたちが一般的に青年とみられる年代（二〇歳代）を過ぎ行く時期にあたり、「自立」という言葉がトレーニー、保護者双方に強く意識され始めた時期といえます。とりわけトレーニーの役割の拡大が顕著にみられたことがこの期間の特徴です。また、次世代のトレーニーを新たに受け入れることは「おとなキャンプ」に持続的な発展の可能性を加えるという意義を加える展開です。そして、高齢期を迎えた保護者のためにトレーニーの入浴を介助するボランティアの介護士を新たに受け入れたことも、「おとなキャンプ」継続に向けた展開の一つといえます。

現在に至る第Ⅲ期は「おとなキャンプ」継続のための工夫が蓄積されつつある時期といえます。それをもたらす大きな要因として、これまで心理リハビリテイションキャンプと縁がなかった福祉施設の利用者が新たに加わるといった参加者の多様化が挙げられます。福祉施設の職員たちも、動作法の研修のために参加することになり、これをもって「おとなキャンプ」は地域活動としての展開を遂げたといえるでしょう。

現在も三日間通して参加できるトレーナーの確保が難しいという課題があり、主催者としては「何とか」続けているという心境でしょう。しかし、こうしてふり返ってみると、同窓会的集まりが時を経て地域の青年期（成人）脳性まひ者の健康に資する活動の一つとして発展した事例としてみることができます。

文 献

井村修・古川卓（二〇〇四）沖縄県における心理リハビリテーションの展開：琉球大学における地域貢献のひとつのあり方『琉球大学法文学部人間科学紀要　一三号』一五七〜一七七頁

心理リハビリテイション研究所（一九九八）成人トレーニー座談会：訓練のとらえ方を中心に『ふぇにっくす　五三号』四〜一四頁

臨床動作法の研究方法

研究1
動作法における体験様式に関する研究

本吉大介・池永恵美

動作法における体験様式

動作法を通した動作者の変化を考察する際に、体験様式の変化という言葉がよく用いられます。ここでは、体験様式をテーマとした研究について紹介する前に、まず体験様式とは何かということに触れていきます。

成瀬（一九九八）は「クライエントの体験を客体（内容）と主体（仕方）の二つに分け、客体（内容）を体験する時の当人の活動の様式ないし仕方こそが心理治療にとって重要である」と論じています。また、鶴（二〇〇七）は、「動作の体験様式としては、クライエントが課題動作に対して努力するその仕方としての側面と、そうしたからだを動かすための努力のなかで、同時に感じとして体験されるところの側面とがある」としています。加えて、「前者は、からだへの注意の仕方、気づき方、向き合い方、力の入れ方、抜き方、慢性緊張の存在、習慣化された動作・姿勢などから推測されていくもの」、「後者は、動作に伴って出てくるとまどい感、不適切な緊張感、非現実感、不確実感、自己存在希薄感等々であり、日常生活における体験様式のすべてがここに表れるといえる」としています。

鶴（二〇〇九）の事例研究の中では次のように体験様式という言葉が用いられています。

Ａの顔には、できると思ってしたことが予想に反してできなかったという、とまどいや情けなさ、自分自身への腹立たしさ、他者への羞恥などの入り交じった表情がみてとれた。Ａは、この事態に、「あっ、すいません」と対応した。セラピストが〈すまないことは何もありませんよ。バランスがうまくとれませんでしたね〉と笑いながら答えると、Ａは苦笑した。Ａのこの動作の様子から、《失敗》↓《情けなさや羞恥を感じる》↓《謝る》、というやり方で事態に対応するといった体験の仕方（体験様式）がうかがえた。

これらの記述から理解できることとは、体験様式とは援助者（セラピスト）から提示された動作課題の受け取り方、課題での取り組み方（努力の仕方）、課題中の体験内容という動作者（クライエント）の一連の心的過程の流れとして捉えられるということです。

動作法を通した動作者の変化として説明するならば、動作課題に応じる中で動作者の日常生活の問題が表現されたが、動作課題を通した心理面接によって援助者の提示する動作課題の受け取り方が変わった、あるいは課題での努力の仕方が変わった、課題遂行に伴われる体験が変わった、といえるでしょう。

それでは、どのようにして体験様式の変化を研究的に捉えることができるのかについて、次に述べていきます。

体験様式を捉える視点と方法

これまで動作法での体験を取り上げて研究を行う際には、自体感という概念を尺度化したものを用いてきました。その出発点は体験様式の変化が心理的な変化を示すならば、その体験様式の変化とは具体的にどのような現象で捉えられるかという問いであり、自体感の変化を捉えることで体験様式の変化を捉えようという試みから研究が積み重ねられています。

鶴（一九九一）は「自体感が明確化、確実になるプロセスによって、自己活動の基盤となる自体の回復がもたらされ、自体が新しく自己活動を支え、自立的に活動する存在として実感されたことが、実生活での活動性の高まりをもたらすのではないか」とし、自体感の変化を有効な治療要因であるとしました。それを受け、本田（二〇〇〇）は動作面接を行った複数の事例の言語的内省に基づき、自体感にはからだの感じ（感覚）や動きの感じなどの「動作感」と動作を行っているときに動作者に生じる感情などの「情動体験感」の二つの異なる体験から成るという仮説から、自体感を「動作感」「情動体験感」の視点から分類しました。さらに、井上（二〇〇三）は、針塚（二〇〇二）の「他者である援助者と向き合う過程も重要である」という指摘を踏まえ、自体感の他に「対援助者体験感」の動作体験を加えて研究を進めています。また、池永（二〇〇六）は動作者自身の主体的・能動的な活動を捉える視点の必要性を述べ、「課題への取り組み方」を加えています。これらの先行研究から、動作法での体験を扱う研究には「動作感」「情動体験感」「対援助者体験感」「課題への取り組み方」が研究の目的に応じて選択されています。後に紹介する研究の中で具体的な項目内容と因子分析による尺度構造を示します。

■研究例①
——動作者の課題への取り組み方の特徴に着目した体験様式の類型の検討

一つめに紹介する研究（池永、二〇一一）では、体験様式の類型の抽出を目指し、動作者の動作課題への取り組み方の特徴から、特徴ごとにどのような体験の傾向があるか検討した研究です。

問題・目的

動作者が動作課題に取り組む様子を考えてみると、動作者が援助者から提示された動作課題に取り組み、すなわち動作活動を行い、その中ではさまざまなからだや動作の体験や自身や援助者に対する情動体験が生じていると考えられます。動作活動の様子は人それぞれ異なっており、そこにはその人の生き方、すなわち体験様式があらわれると考えられます。池永（二〇一一）ではこの点に着目し、個人の課題への取り組み方からいくつかの動作活動の類型を抽出し、それぞれの類型ごとに動作活動に伴う体験の特徴を明らかにすることを目的として研究を行いました。

方法

[対象者]

動作法経験の少ない大学生、大学院生一二三名

[動作課題]

仰臥姿勢での腕上げ課題

[測定内容]

動作者の動作活動を捉える尺度として、池永（二〇一二）の「課題への取り組み方尺度」（23項目）を用いました。動作活動に伴う体験を捉える尺度として、須藤ら（二〇〇三）、井上（二〇〇三）を参考にして作成した池永（二〇一二）の動作感尺度（22項目）、情動体験感尺度（17項目）、対援助者体験感尺度（32項

目）の三つの尺度を用いました。四つの尺度すべてで「全然そう思わない」〜「非常にそう思う」の7件法でたずねました。

［手続き］

対象者同士でペアを作り、片方が動作者役割を、片方が援助者役割をとり腕上げ課題を行い、課題終了後に四つの尺度への記入を求めました。援助の仕方については、相手の動きをよく見て、感じて、一緒に動かすように援助する、援助の力加減（力をいれすぎず優しく待つ）など、ポイントをしぼって伝えました。

結果と考察

［課題への取り組み方の特徴の類型化］

池永（二〇一二）の課題への取り組み尺度の因子分析の結果（表1）を利用し、それぞれ下位尺度得点を求めてクラスタ分析を行った結果、三つのクラスタが抽出されました。次に、得られた三つのクラスタを独立変数、課題への取り組み方尺度の各下位尺度得点を従属変数とした1要因の分散分析を行い、各クラスタの特徴について検討しました。第1クラスタは課題への試行錯誤的取り組みや自体への注意集中など主体的・積極的取り組みに乏しいという特徴から「非積極的取り組み群」、第2クラスタは課題への身構えや試行錯誤して取り組む傾向が強いことから「緊張・試行錯誤群」、第3クラスタは自体に注意を向け集中してじっくりと取り組むなど安定した取り組みがみられるという特徴から「安定的取り組み群」と命名しました。

表１　課題への取り組み方尺度の因子分析結果
（重み付けのない最小二乗法，プロマックス回転）

項目	因子		
	Ⅰ	Ⅱ	Ⅲ
＜安定した取り組み＞			
15. 自分のからだの感じに注意を向けた	.86	.08	.29
16. 素直な気持ちで動作に取り組めた	.82	-.10	.02
3. じっくりと動作に集中できた	.71	-.05	-.03
13. からだの感じが変化するのを待てた	.54	.10	.01
18. 安心感をもって動作にのぞめた	.52	-.10	-.30
＜課題への試行錯誤＞			
10. 思うようにからだが動かなくてももう少しやってみようと思った	.06	.68	-.31
12. どうやってからだの力を抜けばよいかわからず戸惑った	-.15	.68	.11
2. 思うように自分のからだを動かせなくて戸惑った	-.05	.60	.13
7. どこが固いのか，どこの力を抜けばよいか色々考えた	.23	.58	.04
5. からだを動かそうとして焦った	-.06	.52	.22
6. どうやってからだを動かせばよいかわからず戸惑った	.02	.47	.36
4. 自分なりに力を抜いたり動かそうと工夫してみた	.39	.41	-.12
＜課題への身構え＞			
19. おそるおそる動作に取り組んだ	.11	-.12	.99
14. 動作に取り組むことに対して身構えた	.08	.08	.52
21. 余裕をもって落ち着いて動作にのぞむことができた	.38	.02	-.46
因子間相関　Ⅰ	―	-.08	-.56
Ⅱ		―	.50
Ⅲ			―

表２　動作感尺度の因子分析結果（重み付けのない最小二乗法，プロマックス回転）

項目	因子			
	Ⅰ	Ⅱ	Ⅲ	Ⅳ
＜動作制御困難感＞				
3. からだの感じがあいまいな気がした	.83	-.06	-.11	.32
17. 動かしているからだの部分に違和感を覚えた	.73	.07	.00	-.01
12. からだが動かない感じがした	.65	-.01	.17	-.25
20. 自分にはからだをどうにも動かせない感じがした	.61	.05	-.07	-.04
9. からだの感じがよくわからなかった	.55	-.18	-.17	.10
4. 動きが不安定な感じがした	.48	.11	.05	-.34
＜変容感＞				
2. からだの姿勢や状態が変わった気がした	-.01	.90	-.06	-.12
8. からだの動きが変わったように感じた	.02	.83	-.09	.02
1. からだが軽くなった感じがした	.03	.76	-.04	.17
＜コントロール感＞				
13. 自分のからだを思い通りに動かしている感じがした	-.03	-.09	.82	.14
14. からだを自分で動かしている感じがした	.02	-.20	.79	-.07
7. 自分のからだをコントロールできた感じがした	-.06	.14	.70	.04
18. 自分のからだをスムーズに動かせた感じがした	-.08	.27	.36	.31
＜弛緩感＞				
16. 自分で力を抜くことができていた	.16	-.01	.17	.83
15. 他の部分の余分な力を抜くことができた	-.03	.10	.04	.68
11. からだに力が入って抜けない感じがした（*）	.32	.10	.25	-.46
因子間相関　Ⅰ	—	-.10	-.06	-.39
Ⅱ		—	.42	.29
Ⅲ			—	.29
Ⅳ				—

*印は反転項目

表３　情動体験感尺度の因子分析結果（最尤法，プロマックス回転）

項目	因子 I	因子 II	因子 III
＜自発性＞			
13. 前向きな気持ちになった	.91	-.03	.02
17. 意欲的な気持ちになった	.90	-.03	-.04
11. 気になっていたことが気にならなくなる感じがした	.75	-.17	.02
8. 自分から動き出したくなる感じがした	.73	.00	.36
6. 積極的な気持ちになった	.61	.15	.12
＜爽快感＞			
4. 言葉で表現できない感じを持った	-.09	.88	.14
9. 不思議な感じがした	-.16	.81	.13
1. いつもと違う感じがした	-.04	.68	.04
3. 新鮮な感じがした	.23	.63	.05
10. すっきりした感じがした	.25	.60	-.18
5. さわやかな気分になった	.26	.51	-.18
＜不安感＞			
15. 落ち着かない感じがした	-.02	.17	.89
7. 不安な感じがした	.15	.09	.84
14. 変な感じが残った	-.04	.19	.82
2. いらいらする感じがした	.24	-.18	.70
12. 気持ちがよかった	.27	.26	-.51
16. 気持ちが安定している感じがした	.34	.14	-.41
因子間相関　I	―	.74	-.34
II		―	-.26
III			―

表４　対援助者体験感尺度の因子分析結果（重み付けのない最小二乗法，プロマックス回転）

項目	因子				
	I	II	III	IV	V
＜信頼感＞					
10. 援助者は私を導いてくれる存在だったように感じた	.90	-.09	.04	-.02	.05
6. 援助者は頼りになる存在だったように感じた	.85	-.07	.12	.03	.12
7. 援助者はゆるがない感じがした	.82	-.03	.06	-.24	-.02
20. 援助者に自分のからだを任せることができた	.68	.00	-.03	.08	-.20
4. 援助者は私を支えてくれているように感じた	.64	-.06	.07	.19	.20
1. 援助者に親しみを感じた	.62	.07	-.02	.12	.02
9. 援助者は焦ったり不安を持ったりはしていないと感じた	.60	-.14	-.11	-.03	.09
18. 援助者の援助はわかりやすかった感じがした	.56	.01	-.08	-.14	.29
3. 援助者の援助を自然に受け入れることができた	.56	.33	.04	.18	-.19
28. 援助者がいて安心した	.52	.06	-.12	.14	.16
＜開放感＞					
15. 援助者の援助は気にならない感じがした	-.09	1.14	.05	-.21	-.34
27. 援助者の存在が気にならなかった	-.24	.93	.02	.10	-.18
14. 援助者は私の感じているものをともに感じていたと思う	.33	.57	-.04	-.13	.02
25. 援助者は私の動き，感じているものを尊重してくれているように感じた	-.06	.50	.10	.33	.25
20. 援助者の動きとの一体感を感じた	.17	.49	-.02	-.05	.28
26. 援助者の前で自由にからだを動かせる感じがした	.07	.47	-.17	.15	.19
13. 援助者に対して力を抜くことができていた	.26	.41	-.10	.05	.09
＜緊張感＞					
8. 援助者に対して緊張した	.22	.02	.82	-.06	-.14
32. 援助者に対して遠慮や照れのようなものがあった	.02	.04	.78	-.01	.05
2. 援助者に対して気を使った	-.17	-.02	.76	.13	.21
＜一致感＞					
23. 援助者の援助は過剰だった気がした	.25	-.01	-.08	-.93	-.05
5. 援助者に対していらだちを感じた	-.22	.03	.00	-.77	.33
22. 援助者に不安を感じた	-.14	.08	.27	-.55	.14
＜被受容感＞					
17. 援助者は自分が気付かなかったことも気付いていたと思う	.20	-.28	.08	-.13	.75
19. 私がからだを動かすのを援助者が良く感じてくれている様子がした	.18	.19	-.08	-.09	.57
21. 援助者に自分の気持ちやこころの状態をわかってもらえている感じがした	.12	.35	.09	-.17	.52
16. 援助者は私がどう感じているか，動いているかに集中しているように感じた	.21	.23	.00	.01	.45
24. 援助者は私の動きをうまく引き出してくれたと思う	.09	.34	.05	.09	.43
因子間相関　I	―	.51	-.32	.45	.65
II		―	-.28	.58	.68
III			―	-.56	-.15
IV				―	.42
V					―

表５　各群と動作感尺度、情動体験感尺度、対援助者体験感尺度との各下位尺度得点平均値と分散分析の結果

	a：非積極的取り組み群 平均値（*SD*）	b：緊張・試行錯誤群 平均値（*SD*）	c：安定的取り組み群 平均値（*SD*）	*F* 値		多重比較
＜動作感＞						
動作制御困難感	3.52(0.71)	4.19(0.99)	3.16(1.16)	13.28	***	b>a,c
変容感	3.98(1.24)	4.56(1.08)	5.35(0.93)	13.15	***	c>b>a
コントロール感	3.69(1.04)	3.92(0.90)	4.46(1.13)	5.23	**	c>a,b
弛緩感	4.61(0.86)	4.14(1.07)	5.03(1.14)	8.74	***	c>b
＜情動体験感＞						
自発性	3.26(1.28)	3.85(1.05)	4.45(1.02)	8.94	***	c>b>a
爽快感	4.50(1.41)	4.91(1.08)	5.41(0.92)	5.19	**	c>a,b
不安感	2.68(0.72)	3.34(1.13)	2.00(0.72)	24.78	***	b>a>c
＜対援助者体験感＞						
信頼感	4.88(1.11)	5.12(0.83)	5.88(0.61)	14.40	***	c>a,b
開放感	4.18(1.44)	4.53(0.78)	5.18(0.92)	9.13	***	c>a,b
緊張感	3.65(1.17)	4.01(1.11)	2.70(1.31)	15.04	***	b>a>c
一致感	5.88(1.12)	5.32(0.97)	6.49(0.63)	20.04	***	c>a>b
被受容感	4.05(1.26)	4.63(0.90)	5.28(0.76)	13.31	***	c>b>a

**$p<.01$,　***$p<.001$

［各類型の体験の特徴］

クラスタ分析で得られた三群を独立変数、池永（二〇一二）の動作感尺度（4因子）、情動体験感尺度（3因子）、対援助者体験感尺度（5因子）（表2〜4）の各因子の下位尺度得点を従属変数とした一要因の分散分析を行いました（表5）。以下はその結果得られた各群の体験の特徴です。

①非積極的取り組み群

「非積極的取り組み群」は、動作の中での困難感や不安感、緊張感が次に出てくる「緊張・試行錯誤群」ほど高くないものの、三群の中で最も課題の中で生き生きとした自体や動作の実感、情動体験に乏しく、また援助者に対する信頼感に乏しいことが示されました。

②緊張・試行錯誤群

「緊張・試行錯誤群」は、動作の中での困難感や不安感、および援助者に対する緊張感が高いことが示されました。ただこの群はこのような困難さの体験のみではなく、「非積極的取り組み群」よりも心身の変容感や、援助者からの受容感が高いことが明らかとなりました。このことからこの群は動作課題に対する構えやとまどい、また援助者に対する緊張がありつつも、動作課題に試行錯誤しながら取り組む中で心身の変化の体験も同時にしている群だと考えられました。

③安定的取り組み群

「安定的取り組み群」は、援助者への信頼感が高く、また自体や動作、情動に関するさまざまな生き生きとした実感や体験を得ていることが示されました。

まとめ

池永（二〇一一）の結果からは、体験様式について「非積極的取り組み群」「緊張・試行錯誤群」「安定的取り組み群」という三つの類型が抽出されました。動作課題に対する主体的取り組みに乏しいという動作活動の特徴をもつ「非積極的取り組み群」では生き生きとした自体の実感や豊かな情動体験に乏しいという結果が得られました。逆に主体的かつ安定した課題への取り組みがみられた「安定的取り組み群」ではさまざまな心身の実感が得られやすいという特徴がみられました。このことから、動作活動の中で動作活動をいかにして活性化、そして安定化させていくことが動作法において重要な要素であることが示されました。

■研究例②

――援助方法と体験様式の関連

次に紹介する研究（本吉、二〇一一）は援助者の援助方法の一側面である言語教示が動作者の体験様式にどのように影響するかを検討した研究です。

問題・目的

動作法では基本的に主体の「からだの動き」を課題とします。そして、その提示された課題を遂行する主体（動作者）がどのように課題を捉え、どのように動作を行うかは、課題を提示する課題提供者の求める内容に影響を受けると考えられます。実際のセラピーとしての動作法場面では、動作者と援助者とのコミュニケーション手段としては動作課題が中心となりますが、言語も用いられ、動作法の遂行のうえで重要な役割となることもあります。すなわち、援助者は課題内容を伝達し、動作者に動作遂行を求め、動作者は動作遂行に伴う体験すなわち動作体験をします。このプロセスにおいて、援助者が動作課題を動作を用いて動作者に伝達すると同時に「ことば」を併用することは、動作者の課題に対する理解や受け止めにおいて有効であることが多いようです。このような課題伝達のあり方が動作者の動作体験にどのように影響を与えるかについて実験的に検討を行うことを目的としました。

方法

[対象者]

大学生・大学院生・筆者の実験協力要請に同意を得た一般社会人五三名（男性二三名、女性三〇名。平均二七・二五歳、標準偏差八・六八）。対象者五三名のうち、動作法の経験がない対象者が四一名、三年未満の経験者が六名、五年以上の経験者が六名。

[動作課題]

仰臥姿勢での援助のない腕上げ課題

[測定内容]

言語教示の違いによる動作遂行の客観的な変化を捉えるための動作遂行時間と自体感尺度。自体感尺度は須藤ら（二〇〇〇）、井上（二〇〇三）、池永（二〇一二）で作成された自体感尺度で用いられた項目を参考にして、本研究で用いる「運動教示（腕を上げて下ろしてください）」、「弛緩教示（余分な力を抜きながら腕を上げて下ろしてください）」のそれぞれの教示によって体験されるであろう体験内容と体験のあり方を捉えるにふさわしいと考えられる新たなる項目を加えたもの（動作感尺度二〇項目、情動体験感尺度三二項目、取り組み方尺度一八項目の計七〇項目、五件法）。得点化は因子分析結果による因子得点を用いました。

動作課題の説明	
1回目	教示：運動教示
	動作課題の実行
	自体感尺度への記入
2回目	教示：弛緩教示
	動作課題の実行
	自体感尺度への記入
実験終了	

図１　実験手続き

［手続き］

腕上げ課題を「腕上げ課題とは写真のように、仰臥姿勢でからだの横から腕を上げ始め、地面から垂直な線を通って耳の横でいったん止まり、同じ通り道を通ってからだの横まで腕を降ろして終了する動作課題です」と文章で説明し、動作者の課題遂行速度に影響を与えないよう五枚のコマ送りになっている写真を提示しました。その後、図1のような流れで実験を進めていきました。

結果と考察

［尺度構造の検討］

動作感、情動体験感、取り組み方についてそれぞれ因子分析（最尤法、プロマックス回転）を行いました。その結果、動作感尺度は「動作困難感」「動作変容感」「動作不確実感」の3因子、情動体験感尺度は「爽快感・安定感」「新奇感」「困惑感」「不安定感」「自発性・能動性」「自体注意感」「速度注意感」の7因子、取り組み方尺度は「戸惑いを伴う取り組み」「試行錯誤的取り組み」「安定感を伴う取り組み」の3因子という因子構造が明らかとなりました。

［動作者の体験の違い］

運動教示条件と弛緩教示条件の間で動作者に体験の違いがあるかについて被験者内要因のt検定を行いました。その結果、動作感尺度の「動作変容感」「動作不確実感」、情動体験感尺度の「爽快感・安定感」「困惑感」「自発性・能動性」「自体注意感」、取り組み方尺度の「試行錯誤的取り組み」「安定感を伴う取り組み」にそれぞれ有意差がみられました。

［動作遂行の違い］

同様に客観的動作遂行の違いとして運動教示条件と弛緩教示条件の間で動作遂行時間を比較しました。その結果、運動教示条件よりも弛緩教示条件のほうが時間をかけて動作課題に取り組んでいました。

以上の結果から、課題を提供する際の言語教示は動作者の体験に影響する、すなわち課題の捉え方から、課題での努力の仕方、課題遂行に伴う体験までの一連の体験様式に影響していることが明らかとなりました。ともすれば動作者にとっては腕上げ課題は、腕を上げて下ろすという簡素なからだの運動でしかありませんが、「余分な力を抜きながら」という非日常的な努力を求められることによって自分のからだの感じや取り組み方への意識性が高まることが推測されました。

まとめと今後の展望

ここまで紹介しましたように、現在のところ、動作課題を遂行した後に自体感尺度への記入を求めるという方法をとっています。したがって、この尺度を通して捉えられるものは課題遂行後に意識化が可能である体験に限定されます。しかし、臨床場面で動作者の体験を捉える時には、課題に取り組む中での表情や力の入れ方など非言語的表現が極めて重要です。本吉（二〇一一）は非言語的表現の一つとして動作遂行時間を測定していますが、今後は、より広範に動作者の非言語的表現を捉え、体験様式理解の知見となるような研究が必要となると考えられます。

文献

針塚進（二〇〇二）「障害児指導における動作法の意義」成瀬悟策（編）『障害動作法』一～一五頁　学苑社

本田玲子（二〇〇〇）動作面接場面におけるクライエントの自体感のあり方と心理的変容課程『九州大学大学院人間環境学研究科博士課程特選題目論文』（未公刊）

池永恵美（二〇一一）臨床動作法における動作活動の様相と自己体験感との関連『リハビリテイション心理学研究　三八巻』五九～六九頁

池永恵美（二〇一二）臨床動作法における援助者の援助が動作者の動作体験に及ぼす影響『心理臨床学研究　二九巻』七六二～七七三頁

井上久美子（二〇〇三）動作遂行プロセスにおける「自体感」・「対援助者体験感」の変容過程『九州大学大学院人間環境学府修士課程修士論文』

本吉大介（二〇一一）動作法における課題提示方法の違いが動作体験及び動作遂行に及ぼす影響『リハビリテイション心理学研究　三八巻』四三～五八頁

成瀬悟策（一九八八）『自己コントロール法』誠信書房

成瀬悟策（一九九五）『臨床動作学基礎』学苑社

成瀬悟策（二〇〇〇）『動作療法』誠信書房

須藤糸子・本田玲子・平山篤史（二〇〇〇）動作課題と自体感との関連性『リハビリテイション心理学研究　二八巻』二一～三四頁
鶴光代（一九九一）動作療法における「自体感」と体験様式について『心理臨床学研究　九巻』五～一七頁
鶴光代（二〇〇七）『臨床動作法への招待』金剛出版

研究2

予防的介入における動作法に関する研究

小澤永治

臨床心理学における予防的介入

臨床心理学における実践には、心理査定・心理面接といった不適応や疾患をもつ人々への治療的介入に加えて、より幅広く健康な人々までを対象にした「地域援助」も含まれます。臨床心理学的地域援助において重要なのは、深刻な不適応状態に陥っていない人々の心の健康を保障するという、予防的介入の視点です。

本章では、動作法が臨床心理学における予防的介入に関して、現在最も多く実践されている、児童・生徒を対象とした動作法に基づくストレスマネジメント教育に関する研究を紹介します。

動作法に基づくストレスマネジメント教育

［ストレスマネジメント教育とは］

現在、児童期・思春期にいる子どもたちの心理社会的問題は数多く指摘されており、その内容も不登校、非行、ひきこもりなど多様化・複雑化しています。そのため、問題を呈した一部の児童・生徒への対応だけではなく、不適応に陥る以前からの予防的介入が需要であり、各学校においてストレスマネジメント教育という形で実践されています。

ストレスマネジメント教育とは、ストレスに対する自己管理の促進を目的とし、ストレス反応を未然に防ぐ手段を習得させることを目指した健康教育を意味します（竹中、一九九七）。取り入れられている心理療法の技法も、自律訓練法、漸進性筋弛緩法、認知行動療法、解決志向アプローチなど、さまざまなものがありますが、特に動作法は有効な技法として注目されています。

[動作法に基づくストレスマネジメント教育の実際]

動作法のストレスマネジメント教育への適用は、山中・冨永（二〇〇〇）によって体系的にまとめられました。ここでは、代表的な技法として「肩の上下プログラム」を紹介します。このプログラムでは、児童・生徒が一人で取り組むセルフ・リラクセイションと、他者と二人組で取り組むペア・リラクセイションがあります。

セルフ・リラクセイションでは、椅子坐位で直の姿勢を作った後、〈両方を耳に付けるようゆっくり上げましょう〉という教示のもと、肩回りの緊張状態を作り、同時に〈肩以外に力が入っていないか確かめましょう〉と腕、背中、腰など不適切な部位に力が入らないよう意識させます。その後〈肩の力を抜きましょう。肩を下ろした後、すぐ動かないで肩の感じを確かめましょう〉とリラクセイション感を落ち着いて味わう時間をとります。

ペア・リラクセイションでは同様の課題を二人組で行います。援助者役はリラクセイションを行う人の後ろに立ち、〈優しく前の人の肩に手を触れましょう〉と相手の立場に立った援助を行うよう意識させます。その後セルフ・リラクセイションと同様に、肩を上げる動作で肩回りに緊張を作ります。その際援助者に対し〈引っ張ったり持ち上げたりせず、相手の動きに合わせて手を動かしてください。また相手が頑張っていることを手を通して感じとってください〉と求めます。その後、肩回りの力を抜き、肩を下ろす動作を行い、援助者に対しては〈相手の方が抜けるのを感じるようにしましょう。しっかり力が抜けたことがわかったら、「抜けたよ」と教えてあげましょう〉と教示します。

この他にもさまざまな課題や教示のバリエーションがありますので、詳細は山中・冨永（二〇〇〇）や冨永・山中（一九九九）を参照してください。

■研究例
――動作法の予防的効果と発達的特徴に関する実践研究

筆者は、このような動作法の予防的介入が実際にどのような効果をもち、児童・生徒がどのような体験をするのか、またその効果や体験について発達的な変化があるのかという点について、実践研究を行っています（小澤、二〇〇七、二〇一〇、二〇一一）。

［実践方法］

小学校六年生から高校二年生までの児童・生徒、約七〇〇名を対象とした実践を行いました。各小学校、中学校、高校の授業時間を用いて、一～二クラスずつの単位で表1に示したとおりの二回の動作法によるストレスマネジメント教育を実施しました。動作課題の内容としては、上で紹介した「肩の上下プログラム」に加え、立位での「脚の曲げ伸ばし」課題を行い、腰・股関節・膝・足首の動きのコントロールを目的とし

表１　実践内容

時間	概要
１時間目	ストレス反応尺度への記入
	ストレスの概念教育
	肩のセルフリラクセイション
２時間目	前回の振り返り
	肩のペアリラクセイション
	脚の曲げ伸ばし
	ストレス反応尺度・動作自体感尺度への記入

表２　動作自体感尺度の内容

項目	
第１因子	“弛緩感・爽快感”
	すっきりした感じがした
	力をぬくことができた
	スムーズに動く感じがした
第２因子	“動作への気づき”
	どこをどう動かしているのかわかった
	自分が動かしているんだ、という感じがした
	どういうふうに動かしてよいかわかった
第３因子	“不快感”
	ふるえた
	おちつかない感じがした
	痛かった

表３　自由記述から得られた動作体験

	カテゴリー名と記述例	出現率
Ⅰ	肯定的な動作体験	(26.1％)
	体の力が抜けた	
	体がすっきりした	
Ⅱ	心身両面での肯定的な体験	(17.8％)
	楽になった	
	暖かかった	
Ⅲ	肯定的な情動体験	(29.2％)
	落ち着いた	
	きもちよかった	
Ⅳ	ペアリラクセイションの効果の実感	(3.5％)
	ペアの相手に安心した	
	一人でするよりやりやすかった	
Ⅴ	身体・動作への気づき	(7.9％)
	体のかたさに気づいた	
	よく疏いた感じがした	
Ⅵ	変化や身体感覚を感じない	(6.6％)
	変わらなかった	
	からだの感じがわからなかった	
Ⅶ	否定的な体験	(9.0％)
	痛かった	
	やりづらかった	

た課題も取り入れました。

［ストレス反応の変化からみた介入効果の検討］

予防的介入の効果として、ストレス反応尺度を授業の前後で測定し、変化を検討しました。結果、すべての学校種別において不快情動、認知・身体的反応、怒り情動といったストレス反応が有意に低下しており、介入の有効性が実証的に示されました。

［臨床動作法による児童・生徒の体験の検討］

児童・生徒が臨床動作法によるストレスマネジメント教育によってどのような体験をしているのかについて、動作課題中の体験を問う「動作自体感」尺度（1～4点の4件法、9項目）と自由記述から分析を行いました。

動作自体感尺度の分析からは、児童・生徒の動作体験が「弛緩感・爽快感」「動作への気づき」「不快感」の3因子から捉えることができることが示されました（表2）。また、自由記述の分析からはより多様な体験が明らかにされ、主に七つのカテゴリーを抽出しました（表3）。動作法においては身体的体験を中心として、それに伴うさまざまな情動的体験が生じるとされていますが、児童・生徒においても、からだに関する体験、情動的体験、身体－情動と密接で不可分な体験など、さまざまな体験が生じることが示されました。

［動作体験からみた介入効果の発達的差異］

学校種別による差の検討からは、動作自体感尺度では、小学生・中学生は「どこをどう動かしているのか

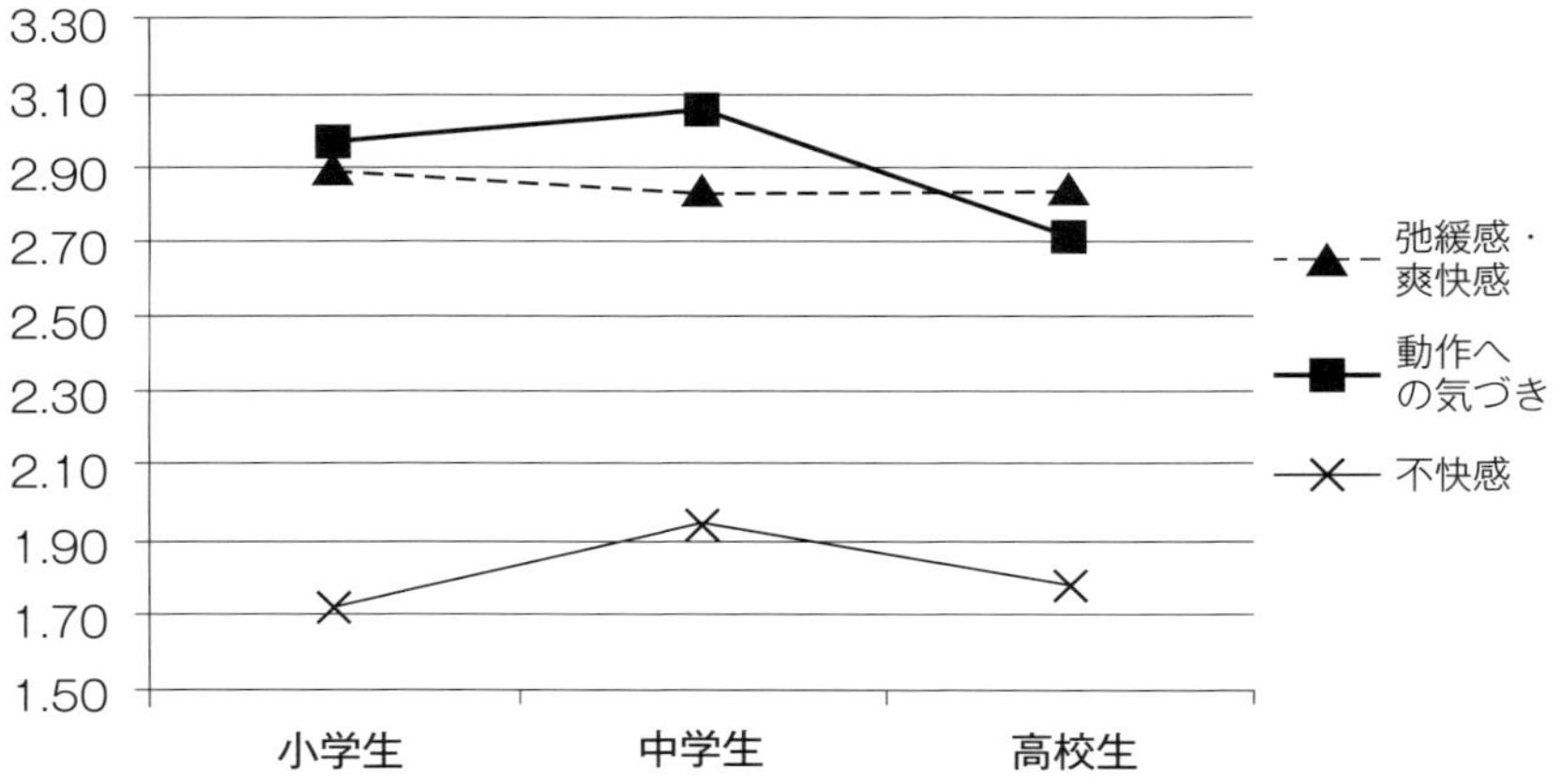

図１　学校段階における動作自体感の差

わかった」などの動作への気づきが高く、また中学生は「痛かった」などの不快感の得点が高いという結果が得られました（図1）。

自由記述の検討も踏まえると、小学生・中学生では動作課題によって「からだが動いた」などの身体的な気づきがもたらされやすい一方で、中学生においては他の学校種別よりも否定的体験をしやすいことが示唆されました。普段のストレス反応に関しても、小学生よりも中学生の身体的なストレス反応が高いことが知られており、動作課題によって自分のからだに注意を向けることが、「痛み」や「疲労感」など否定的な心身の状態の気づきに結びつき、否定的体験を生じやすい可能性が考えられました。

一方、高校生では、動作への気づきには乏しくなりますが、「落ち着いた」「気持ち良かった」など情動的な体験に目を向けることが増えるという差が示されました。高校生も中学生と同様、普段感じている身体的・認知的なストレス反応は高いとされていますが、「痛み」や「疲労感」のあるからだを、動作法課題によって弛め動かすことが、情動的体験につながりやすくなるといった発達的変化がある可能性が示唆されました。

動作法による予防的介入の意義と工夫

以上の研究を踏まえ、動作法が予防的介入に果たす意義と、実際の導入にあたっての工夫について考察したいと思います。

［思春期の児童・生徒に対する動作法の適用の意義］

児童・生徒は一般に、心理社会的問題に対する意識に乏しく、言語化が難しいという発達的特徴があります。そのため、自分で自分のからだに働きかける動作法は、児童・生徒の主体感・自己確実感を育むうえで有効な技法であるとされてきました。動作法は「言葉を主とせず、からだを主たる媒介とする」（成瀬、二〇〇七）という点が特徴であり、児童・生徒の予防的介入に有効であると考えられます。

また、筆者の研究では、動作法において重要な概念の一つである自体感に注目しました。自体感とは、「からだとともにあって安定し、能動的友好的に活動する自己の存在をより確実にするもの」（鶴、二〇〇七）とされます。緊張や不安に陥ったとき希薄化する自体感が、明確化・確実化されることが動作法の重要な治療過程になります。この自体感は、文字通り「からだ」と密接に関連していますが、中学生・高校生の時期は急激な「からだ」の発達を迎える時期でもあります。成長する「からだ」をもつ自分へのとまどいに対して、動作法による自己確実感の促進を図ることは、ストレス反応の低減のみにとどまらず、日常的におこるさまざまな問題に対応してゆくための心的構えを育む意義があると考えられます。

［学校段階による介入のあり方の工夫］

各学校種別において動作体験の差がみられたことから、発達的特徴に合わせた援助のあり方を工夫する必要があると考えられます。

小学生では、動作に関する気づきや変化を得やすく、動作への気づきがストレス反応の低減に有効であることが示されました。そのため小学生に対しては、細かな動きを求める課題ではなく、腕上げや立位での脚の曲げ伸ばしなど、可動域の大きくはっきりした動作を伴う課題を行うことや、視覚的提示やモデル提示をより丁寧に行い、課題を明確に理解しやすいよう提示することなどの工夫によって、有効性が高まると考えられます。

中学生では、小学生・高校生と比較すると否定的な体験の記述が多い一方で、自体感の中の弛緩感・爽快感が認知・身体的ストレス反応を低減させる効果を高くもっていることも示されました。そのため、中学生に対しては短期に終わらない継続的な実践を重ねるとともに、リラクセイション感に焦点が当てやすいよう小集団で実施することや、躯幹のひねりなどの臥位での課題を取り入れることなどの工夫が必要であると考えられます。

高校生への実践からは、動作への気づきは少ないものの、情動的側面への気づきが多くなることが示されました。小学生・中学生と比較し、高校生ではからだにおける体験が情動的変化を及ぼすという心身のつながりが深まることが示唆されており、そのため「痛かった」などの否定的なからだの経験がある場合には、心理的にもストレス反応の増大に結びつきやすいと考えられます。そのため、動作課題提示前に、心身のつながり等の認知的理解を促す心理教育を行うこと、動作課題の提示に際し、からだを動かすことが直接の目的ではなく、それに伴って体験される努力の仕方や気持ちといった側面を重視することを明確に伝えるなどの工夫が有効であると考えられます。

また、統計的に有意ではありませんでしたが、自由記述においてペア・リラクセイションを行ったことによる体験の記述が、中学生以降に増える傾向がうかがわれています。中学生以降の時期は、友人関係から受ける心理社会的影響が大きくなる時期です。動作課題の実施にあたっても、誰からどのように援助されたのか、誰に対して援助を行ったのかという、普段の関係性の影響を強く受けると考えられます。ペア・リラクセイションを行う際のペアの組み方や、お互いの援助の仕方なども含め、個々の対人関係のあり方に配慮することでより有効な介入効果をあげることも可能になると考えられます。

今後の研究の展望

以上、主に筆者の研究を紹介してきましたが、動作法による予防的介入についてはまだまだ実証的な研究が少ない段階です。より継続的な介入効果を長期的に検討すること、導入した動作課題による効果の差を検討すること、成人や高齢者・乳幼児など対象者を広げて検討することなどで、より実践に活かされる知見が積み重ねられると期待されます。

文献

成瀬悟策（二〇〇七）『動作のこころ』誠信書房

小澤永治（二〇〇七）思春期における自体感とストレス反応の発達的変化：動作法に基づくリラクセイション課題の実践を通して『リハビリテイション心理学研究　三三巻』二五～三六頁

小澤永治（二〇一〇）思春期における自体感のテキストマイニングを用いた質的検討：動作法によるリラクセイション課題の実践から『リハビリテイション心理学研究　三七巻』一三～二三頁

小澤永治（二〇一二）思春期の不快情動への態度から見た臨床動作法の効果の検討：ストレスマネジメント教育の実践から『心理臨床学研究　二九巻』五八六～五九七頁
竹中晃二（編著）（一九九七）『子どものためのストレス・マネジメント教育：対症療法から予防措置への転換』北大路書房
冨永良喜・山中寛（編著）（一九九九）『動作とイメージによるストレスマネジメント教育：展開編』北大路書房
鶴光代（二〇〇七）『臨床動作法への招待』金剛出版
山中寛・冨永良喜（編著）（二〇〇〇）『動作とイメージによるストレスマネジメント教育：基礎編』北大路書房

研究3

精神疾患治療における臨床動作法適用に関する研究

古賀　聡

精神科領域における臨床動作法適用に関する研究は事例研究が中心となっています。臨床事例を題材とした研究論文は、日本臨床心理学会の『心理臨床学研究』、日本リハビリテイション心理学会の『リハビリテイション心理学研究』、日本臨床動作学会の『臨床動作学研究』に掲載されています。精神疾患を抱える人への臨床動作法の実践や精神科領域における臨床動作法適用に関する研究に取り組むには、上記の学会に所属し、学会主催の研修会に参加し臨床動作法の考え方や技術について習得することが必要です。また、精神疾患を抱える人たちへの臨床動作法の適用においては、基本的な精神医学的知識や臨床心理学的知識の習得も必要となります。

本稿では、精神科領域における臨床動作法適用をテーマとした臨床研究を概観したいと思います。次節ではいくつかの精神疾患を取り上げ、その精神疾患の特性について簡潔に説明し、これまでの臨床研究を参照しながら臨床動作法のアプローチについて述べたいと思います。

精神疾患を抱える人への臨床動作法適用に関する研究

今日に至るまで臨床動作法はさまざまな精神疾患に適用され、事例研究として報告されてきました。統合失調症（鶴、一九九五；江崎、二〇〇三；永山、二〇一〇）、不安障害・パニック障害・強迫性障害などいわゆる神経症的疾患（窪田、一九九一；窪田、一九九二；杉下、一九九五；池田、二〇〇二）、うつ病等の気分障害（古賀、二〇〇一；大川、二〇〇五；藤村、二〇〇九；横尾、二〇一〇；矢野、二〇一〇；岡浦・他、二〇〇六）、摂食障害（星野、一九九九；森田、二〇〇三）、不定愁訴、慢性疼痛、心身症（大脇、一九九五；大場、一九九七；竹田、二〇〇九；松原、二〇〇五；瀧本・他、二〇〇六）、書痙や斜頸などの転換性障害（三好、二〇〇〇；植田、二〇〇五；三好、二〇〇九）、アルコール依存症（古賀、一九九九）、人格障害（畠中、一九九五）などさまざまな実践研究が報告されています。

ここでは、いくつかの精神疾患に対する事例研究を取り上げ、その症状を簡単に説明し、臨床動作法の適用について論じたいと思います。

■研究例①
――統合失調症への臨床動作法の適用

鶴（一九八二、一九九五）は、統合失調症を対象として臨床動作法の先駆的実践研究を行いました。統合失調症患者の中には過剰な緊張があり、姿勢が大きく歪んでいたり、動作がとてもぎこちない人がいます。彼らに臨床動作法を行うと、姿勢や動作の改善に限らず、社会的・対人的行動の変化や症状の緩和が観察されました。ほとんど他者との交流がなく、自閉的な入院生活を続けていた患者が病棟の職員に話しかけるようになったり、集団活動に参加するようになったことが示されました。
統合失調症は人によってタイプが異なりますが、多くの場合、物事を考えていく道筋がまとまらない、実際には見えないものが見える（幻視）、聞こえないはずのことが聞こえる（幻聴）など、私たちの通常の常識や感覚では理解しがたい心理現象が生じます。そのため、「人とのコミュニケーションが上手くとれない」「とにかくイライラする」「周りからの刺激に対して過敏に反応する」といった状況に陥りやすく、興奮性が強まったり、逆に疲労度が強まり、あらゆることに対して関心や意欲がわかなくなってしまうというようなことが生じます。
このような統合失調症者に対する臨床動作法を導入する際の臨床仮説として鶴（一九八二）は次のように述べています。

精神分裂病（筆者注：二〇〇二年に統合失調症へと名称変更）は、外界に対して、強い構えあるいは防衛でもって対処しているという考えに立つならば、そうした精神的緊張は、かれらの身体的な構え（緊張）として体に表出されているといい得る。これらの心身の緊張は、長い歴史のなかで、彼らが気づかないほどに慢性化し、精神ｰ身体の相互作用のなかで生じる社会的自発的行動を抑制してしまったのかもしれない。それゆえ精神分裂病者が、自己の身体活動の硬さ・緊張に気づき、その緩和、解消を実現すれば、彼らの動作、行動の自己コントロールの再学習も容易になり、社会的自発的行動の改善は促進されると推察される。

そして、鶴（二〇〇七）は、上記のような統合失調症への臨床動作法適用の効果について、能動的・現実的体験様式や自己統制的体験様式の観点から論じています。すなわち、統合失調症患者は動作課題に取り組む中で、自己が自己身体に能動的に働きかけることにより、現実感が増し、統合失調症に特有の非現実的体験が減少・消失すると考えられます。

■研究例②
——気分障害への臨床動作法の適用

ここでは、気分障害、特にうつ病への動作適用について論じたいと思います。まず、うつ病の主な症状について整理しましょう。主症状として抑うつ気分の訴えがあります。これは「気分が落ち込む」「憂うつである」「悲しい、むなしい、泣けてくる」「不安が頭から離れない」「焦る、いたたまれなくなる」「死にたくなる」などの否定的思考・感情などの心理的問題として示されます。うつ病者に特有の思考の歪みとしては、「何でも自分が悪い」また「人からもそう思われている」といった罪悪感や自責感、将来を悲観し絶望するような破局的思考などがあります。次に無気力や集中力低下、考えがまとまらず判断や決断ができないといった精神運動抑制（精神運動制止）と呼ばれる症状があります。さらにうつ病の大きな特徴は上記のような思考や感情といった心理的訴えに限らず、睡眠障害（入眠困難、中途覚醒、早朝覚醒）、慢性化した疲労感、食欲や性欲の低下、体重減少、頭痛や腹痛、肩こりなどの「痛み」の訴え、動悸や息切れ、手足のしびれ、随意的な運動困難などの身体的訴えも多く示されます。重度のうつ病では、まったく動くことができず、意識も希薄となるうつ病性昏迷と呼ばれるような症状もあります。

古賀（二〇〇一）は、全身的に衰弱し、寝たきりとなってしまった六〇代女性のうつ病入院患者に臨床動作法を適用しています。寝たきりとなり対話によるカウンセリングが難しいと判断した援助者は、ベッドサイドで施行可能な肘の曲げ伸ばし動作課題や腕上げ動作課題を試みます。援助者は患者にとって解決しやすい動作課題を提示し、患者は援助者とともにその動作課題の解決化に向かって努力を行います。この取り組みにより、患者は自分のからだを思い通りに動かした、動かせているという能動的体験が得られ、自己確信性や自分自身に対する信頼感が高まったと考えることができます。この事例では、動作課題は臥位姿勢の動作課題から坐位姿勢課題、立位姿勢課題へと展開します。さらに、うつ病性昏迷と呼ばれるような状態から脱し、対話的面接が可能になってくると、事例の他者からの評価を過剰に気にし、自分の状態を無視しても相手の要請に応じようとするような体験様式が理解されました。そこで、「どこまで動かせるか」あるいは「素早く動かせるか」という動作のパフォーマンスにとらわれる患者に対して、援助者はじっくりとからだの感じを「味わえる」ような援助を行っていきました。その結果として、患者から「頑張ってもしょうがないことはしょうがないと思います。あきらめも大事ですね。頑張ってイライラするとからだに悪いから。まあまあで頑張ろうと思います」といった発言が示されるようになりました。また、この面接の後半には今まで誰にも語らなかった夫への怒りの感情が語られる場面がありました。

臨床動作法では他の心理療法のように潜在化する葛藤を語りカタルシスを得ることがセラピーの目的として考えられていません。しかし、筆者の経験では、自責的で悲観的といわれるうつ病患者と面接している中で、時折「おっ」と驚くようなアグレッションの表出に遭遇することがあります。鶴（二〇〇七）は「怒り感体験様式」と呼び、「腹立たしい感じのときは、腹立たしさを感じるだけの力をからだに入れており、その感じを抑え込むときには、抑え込むのに必要な力をからだに入れて、抑え込んでいる日常がある」と述べています。そして、このような日常化した腹立たしい感じとそれを抑え込もうとする必死な努力の中で、患者は「すり減った感じ」が体験され、疲労感や身体的訴えを繰り返し行っていたのではないかと論じています。

このような気分の落ち込みや疲労感を訴える人に対する臨床動作法の適用は、からだを動かすことによって心身のリラックス感や活動性が高まっていくというような単純な構図で考えられているわけではありません。つまり、「統合失調症への臨床動作法の適用」でも述べたように、臨床動作法は、症状や疾患そのものにアプローチするのではなく、そのような症状を示さざるを得ない生きづらさ、あるいはそのような症状を抱えた人の生きづらさに焦点を当てる、つまり、その人の体験様式を把握することが重要なのだと思われます。

■研究例③
――アルコール依存症への臨床動作法の適用

アルコール依存症とは、物質依存の一種で、アルコールの摂取によって得られる精神的・身体的な薬理作用に強くとらわれ、自らの意志で飲酒行動をコントロールすることができなくなり、社会生活や人間関係が破壊されるような強迫的な飲酒行動を繰り返す精神疾患です。アルコール依存症の診断基準は、ＩＣＤ－10（一九九二）によると、①飲酒・薬物摂取したいという強烈な欲求、強迫感、②節酒の不能（抑制喪失）、③離脱症状、④耐性の増大、⑤飲酒中心の生活、⑥精神的・身体的問題が悪化しているにもかかわらず断酒しない（負の強化への抵抗）、のうち3項目以上を満たすこととなっています。

古賀（一九九九）は、アルコール依存の問題を抱える人たちの問題飲酒を中心とする自己破壊的行動は、自己の身体状態や自己の心理的問題に直面し、自己を客観的に振り返ることができない結果であると考えました。依存症者は身体感覚や感情をじっくりと体験することができないのではないかという臨床仮説を立て、臨床動作法の適用を試みました。対象は、アルコール依存症の男性入院患者三名です。

臨床動作法を用いた50分間の面接を週二回一カ月間（計八回）施行しました。対象者は動作課題に取り組むプロセスで、これまで気づかなかった自分のからだの緊張や姿勢、動作についてあらためて気づき、自分のからだを弛め、適切な動きを獲得することができました。さらに、からだのことだけではなく、日常生活における自分の行動様式や感情様式についても振り返ることができました。これまで精神科医の診察や病棟で行われているアルコール依存症学習会などの心理的介入に対しては拒否的であった依存症者も臨床動作法の導入に対しては強い抵抗を示しませんでした。さらに、臨床動作課題に取り組む中で、「がむしゃらな努力」「こだわりの強さ」「自分のやり方を変えられたときの動揺」「焦りと諦めの極端さ」などの体験様式が顕在化されました。しかし、援助者の援助を受けながら、「楽に動かす」「適度な努力」「弛める」「ありのままの自分を味わう」「踏みしめる」「相手との一体感」などの新たな体験を経験し、そのことがその他の病棟生活や治療活動への態度の変化へとつながったことが考えられました。

以上のように、アルコール依存症の主たる問題は逸脱した飲酒行動といえますが、臨床動作法はその飲酒行動そのものにアプローチしているわけではありません。飲酒問題を抱える人、あるいは逸脱した飲酒行動をとらざるを得ないようなその人の「生きづらさ」に焦点を当て、動作課題への取り組みの中で、これまでとは異なる体験様式を獲得できるような働きかけが重要と考えられます。

まとめ

前節で触れたように現在の精神科医療における診断はＤＳＭ－５やＩＣＤ－10のような記述的診断と呼ば

れる基準を用いて行われます。しかし、臨床研究でも示されているように、臨床動作法を効果的に適用するためには、症状の理解だけではなく、そのような症状を抱える人の生き方や生活体験のあり方を細やかに理解する必要があるようです。動作法の課題に取り組むその人の動作の特徴をつぶさに観察しながら、その人の頑張り方や努力の仕方、物事へのこだわり方、とらわれ方、自分への向かい方などを推測し、日常生活における生きづらさを推測し、その人にとってより良いセラピー体験を援助していくことが重要なのでしょう。つまり、成瀬が論じるところの体験様式に注目し、援助することが重要だと思われます。この体験様式や自体感といった臨床動作法を研究するときにキーワードとなる概念については、本書一七五〜一九一頁「動作法における体験様式に関する研究」で説明されていますのでご参照ください。体験様式や自体感をテーマとした研究は、それらの臨床概念を客観的に測定するための尺度の開発、それらの尺度を用いた実証的な研究が行われています（井上、二〇一一；小澤、二〇一一；池永、二〇一二）。本稿の主題である精神疾患治療における動作法適用の研究の今後の課題は、これらの体験様式や自体感に関する実証的な研究と臨床動作法を用いた心理臨床実践の研究の交流であると思われます。

文献

畠中雄平（一九九五）境界例への動作法の適用『臨床動作学研究　一巻』一〇〜一一頁
星野公男（一九九九）動作法を用いた摂食障害の短期間の改善事例『心理臨床学研究　一七巻』二八五〜二九六頁
藤村敬二（二〇〇九）社会復帰困難なうつ病クライエントを主とした集団臨床動作法の試み『臨床動作学研究　一四巻』一〜一〇頁
池田敏郎（一九九二）「精神分裂病患者に対する動作法の適用」成瀬悟策（編）『臨床動作法の理論と治療（現代のエスプリ別冊）』二四八〜二五七頁　至文堂
池永恵美（二〇一二）臨床動作法における援助者の援助が動作者の動作体験に及ぼす影響『心理臨床学研究　二九巻』七六二〜七七三頁

井上久美子（二〇一一）青年期における身体感覚への態度と「悩む」こととの関連『心理臨床学研究　二九巻』五七四～五八五頁
江崎直樹（二〇〇三）動作法による統合失調症者の情動コントロールの過程『リハビリテイション心理学研究　三〇巻』二一～二九頁
古賀聡（一九九八）アルコール依存症者の動作法を通した自己への対面『リハビリテイション心理学研究　二六巻』一九～二九頁
古賀聡（二〇〇一）うつ状態を示す高齢者への動作法の適用『リハビリテイション心理学研究　二九巻』四五～五二頁
窪田文子（一九九一）ある強迫神経症者に対する心理療法としての動作法『心理臨床学研究　九巻』一七～二八頁
窪田文子（一九九二）「強迫神経症者」成瀬悟策（編）『臨床動作法の理論と治療（現代のエスプリ別冊）』一八八～一九六頁　至文堂
松原慎・久保千春（二〇〇五）心身症の治療　臨床動作法『心療内科　九巻』三三四～三三九頁
三好敏之（二〇〇九）頭頸部の傾きが気になる心因性痙性男性における臨床動作法の適用について『臨床動作学研究　一三巻』四七～五九頁
三好敏之（二〇〇〇）書痙の男性の臨床動作法の適用について『臨床動作学研究　六巻』一～一〇頁
森田理香（二〇〇三）過食を主訴とした女子大生との動作面接過程『リハビリテイション心理学研究　三一巻』四七～五七頁
永山裕子（二〇一〇）統合失調症患者への臨床動作法の有効性：薬物の副作用により斜頸姿勢となっていた事例から『臨床動作学研究　一四巻』一五～二二頁
岡浦真心子・岡崎厚子（二〇〇六）うつ状態回復期患者における臨床動作法の効果『精神看護　三七巻』九～一一頁
大場貴久（一九九七）不定愁訴を訴える入院患者への動作療法の適用『臨床動作学研究　三巻』一八～二六頁
大川貴子（二〇〇五）数年にわたり抑うつ状態を呈してきた成人女性への臨床動作法の適用『臨床動作学研究　八～一一巻』二一～三二頁
大脇真奈（一九九五）不定愁訴のある高齢者に対する動作法適用の一事例『臨床動作学研究　一巻』二五～二七頁
小澤永治（二〇一一）思春期の不快情動への態度からみた臨床動作法の効果の検討『心理臨床学研究　二九巻』五八五～五九七頁
杉下守男（一九九五）Panic Disorder 様の症状を訴えて来院した主婦『臨床動作学研究　一巻』一二～一四頁
高松薫（一九九二）「慢性分裂病患者のケース」成瀬悟策（編）『臨床動作法の理論と治療（現代のエスプリ別冊）』二一四～二二二頁　至文堂
竹田伸也（二〇〇九）慢性疼痛を呈した高齢者に対する動作療法の試み『心理臨床学研究　二七巻』五二四～五三三頁
瀧本美耶子（二〇〇六）臨床動作法が有効であった筋痛を主訴とする慢性疼痛（心身症）の1例『心療内科　一巻』三五～三八頁
鶴光代（一九八二）精神分裂病者の動作改善と社会的行動変容『心理リハビリテイションの展開』一六九～一八二頁　心理リハビリテイション研究所
鶴光代（一九九五）臨床動作法による慢性分裂病者の自己活用体験『リハビリテイション心理学研究　二一巻』一～九頁
鶴光代（二〇〇七）『臨床動作法への招待』金剛出版

植田中子・清水幸登（二〇〇五）痙性斜頸のクライエントに対する臨床動作法の適用『臨床動作学研究　八～一一巻』三三～四二頁
矢野敦子（二〇一〇）再発のうつ病を主訴とした成人男性との臨床動作面接過程での主動感の獲得『臨床動作学研究　一四巻』三九～五一頁
吉川吉美（一九九五）不安神経症者への動作法の適用事例『臨床動作学研究　一巻』七～九頁
横尾摂子（二〇一〇）蔓延性うつ病男性への臨床動作法の適用『臨床動作学研究　一四巻』二三～三七頁

研究4
障害児発達支援における臨床動作法適用に関する研究

遠矢浩一

臨床動作法は、脳性まひ者への適用から始まり、現在、さまざまな精神疾患の治療や心理的健康の維持、社会適応支援など幅広く適用されていることは既にみてきたとおりです。本稿では、そうした領域の中でも、特に、障害をもつ児童の発達支援における臨床動作法の適用に関する研究を紹介します。

■研究例①
――知的障害児の常同行動コントロールのための動作法適用

常同行動とは、首を振る、からだを揺らす、あるいは、自分を傷つける行動を繰り返すなど、障害をもつ人々がしばしば示す同一行動の反復をいいます。常同行動に対しては、従来、行動分析的なアプローチが用いられることが多く、問題となる常同行動のきっかけとなる先行条件や環境要因を操作する、または、常同行動に後続する結果事象を操作するＡＢＣアプローチによって対象となる常同行動の軽減が図られます。しかしながら、臨床動作法においては、意図－努力－身体運動の図式（本書八頁参照）から説明されるように、常同行動そのものも、本人が自ら意図的に生起させた主体的行為であり、自己コントロール力を高めることによって、常同行動を自ら抑制できるようになることを目指したセラピーが行われることになります。

そうした視点から行われたある知的障害児に対する臨床動作法の適用プロセスと常同行動の変化過程を追った研究を紹介します（遠矢、一九八八、一九九〇）。

方法

［対象者］

九歳九カ月の女児。出生時体重二〇六〇グラム、在胎三九週の低出生体重児。多呼吸、努力性呼吸、吸気性喘鳴があり、生後五日目でT病院に入院。他覚的に下顎の後退、小顎症、口蓋形成不全を認め、ピエールロバン症候群と診断されました。両側股関節臼蓋形成不全、ADL全介助、表出言語、理解言語が乏しく、他者への要求、意思の伝達も音声言語では困難。初診時は、表情の変化があまりにも乏しいことが印象に残りました。手の運動としては把握等は可能でしたが、対象操作を目的とした機能的な動きは認められませんでした。

本児の示す常同行動は、歯ぎしり、頭の床への打ちつけ（ただし、手を床と額の間にはさむ）、拇指を常にくわえており、興奮時に爪を前歯にひっかける。フラッピング、首振り、白眼をむく、舌出し、唇の開閉などがみられる。発声はみられ「マンマン」「アーン」などの喃語程度。遠城寺式乳幼児発達診断検査の結果は、移動運動一歳四カ月、手の運動一歳〇カ月、基本的習慣〇歳八カ月、対人関係〇歳六カ月、発語〇歳八カ月、言語理解〇歳三カ月。

［援助期間］

X年一〇月七日からX＋1年三月二三日。合計二一セッションが行われました。

［動作課題］

両腕の腕上げ動作コントロール法、および首、肩、胸、背、躯幹の各リラクセイション、膝立ち課題、立位課題が各々五分ずつあり、合計四五分でした。腕上げ動作コントロール法は週に一度、ビデオ撮影し、セラピー中の常同行動（本稿では首振り行動、舌の突出行動）および目標行動（援助者との視線の合致頻度）の生起頻度をチェックしました。ビデオ撮影終了後、あぐら坐位、膝立ち、立位の側面写真を撮影しました。これらの行動生起頻度、姿勢がセラピー場面で示される変化に対する客観的指標です。さらにセラピー後、セラピー時の対象児の反応についての印象を記述しました。また、日常生活での行動変容を検討するために母親にも同様のセラピーを実施してもらうと同時に、玩具を使っての一人遊び、母親との共同遊びを二週間に一度、五分ずつ家庭で撮影し行動評価を行いました。視点として玩具の扱い方、微笑の頻度、母親とのアイコンタクト頻度などを取り上げました。セラピー、遊びのビデオ評価は筆者を含む二名により行われました。

経過と結果

［首振り行動について］

セラピー中に頸を左右に振り続ける行動は、セッションを重ねるにつれて着実に減少しています。第2セッションでは、五分間の腕上げコントロール課題中、九四回もみられていましたが、第12セッション以降

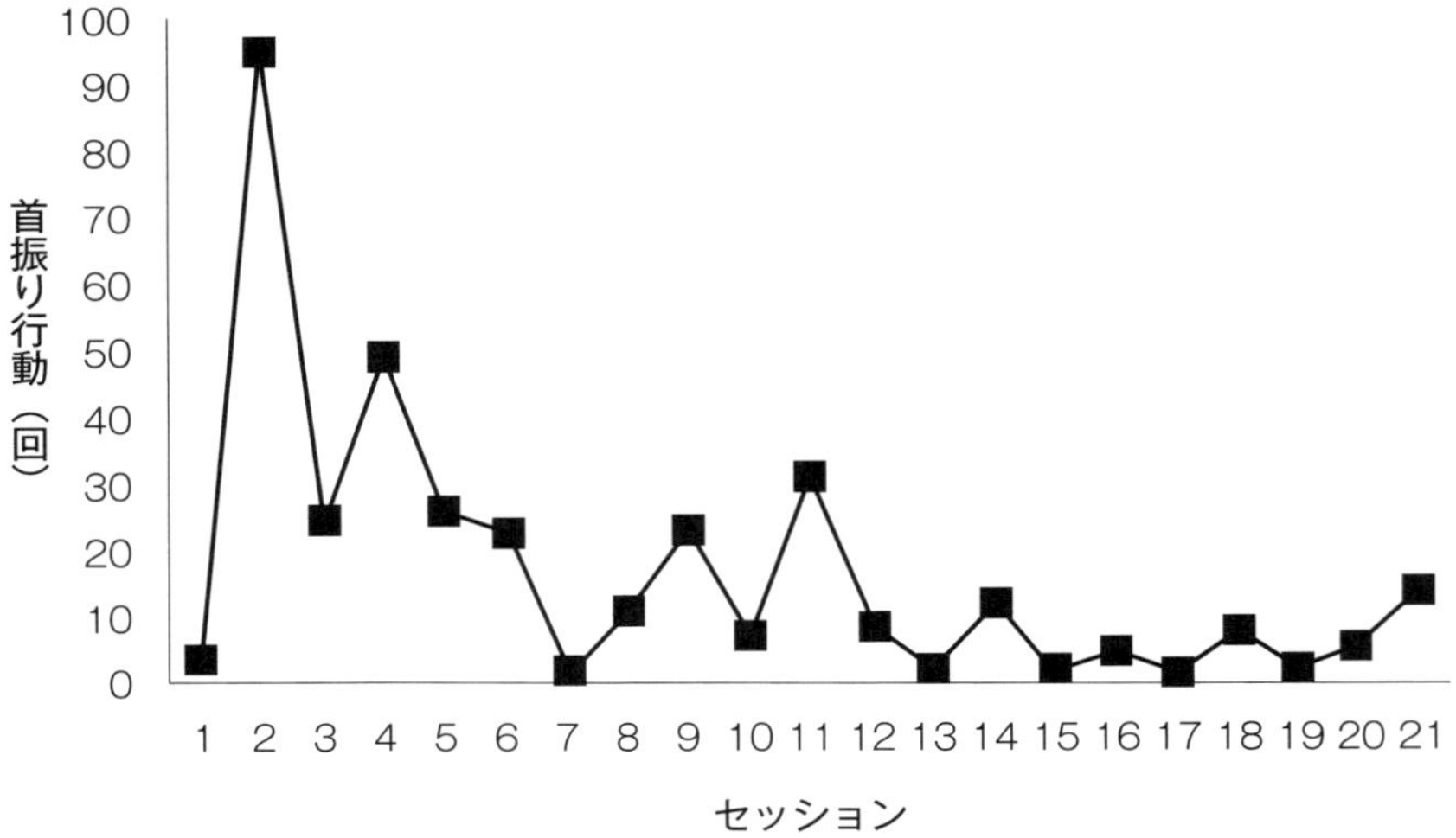

図１　腕上げ動作遂行中の首振り行動生起頻度
7、9、11、13、15、17、19 セッションのデータは母親訓練時の頻度

は、一〇回前後にまで減少しています。（図1）

［舌の突出行動について］

この行動も首振り行動と同様に着実に減少を示しており、第20セッションでは一回しか示されていません。（図2）

［援助者との視線の合致頻度について］

セラピー開始後、10セッションほどは、援助者と視線を合わせることはほとんどありませんでしたが、10セッションを過ぎる頃から、援助者に視線を向け、目を見つめるという行動が明らかに増加しました。

［姿勢変化について］

頸、肩、胸、背、躯幹のリラクセイションを実施することによって、本児のあぐら坐位姿勢は、前屈状態であったところから、明確

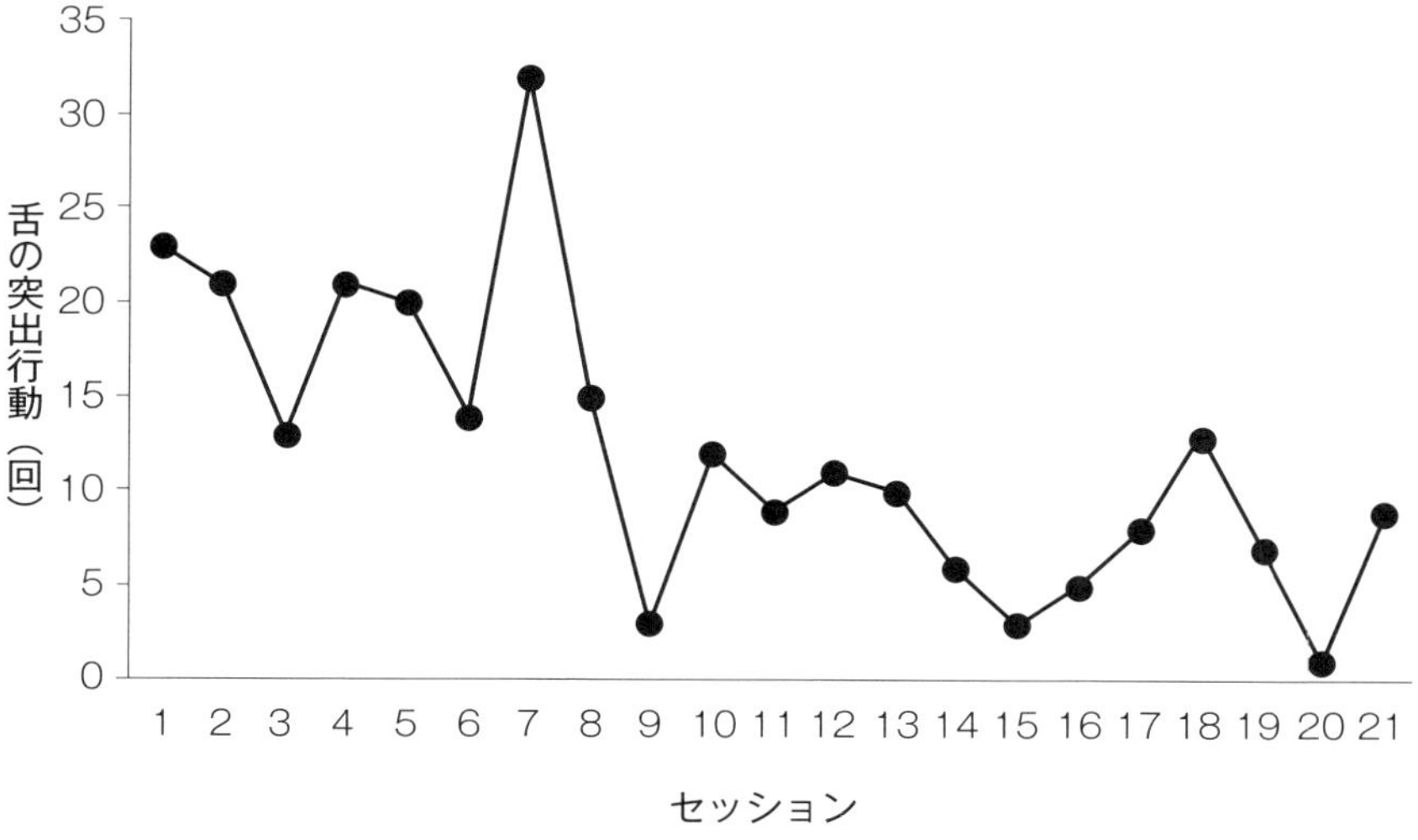

図２　腕上げ動作遂行中の舌の突出行動生起頻度
7、9、11、13、15、17、19 セッションのデータは母親訓練時の頻度

に改善され、より直立した姿勢へと近づきました。

［遊びに関する観察結果］

①一人遊びについて

玩具を玩具として扱わず、握っているだけという段階から、太鼓を自ら叩いてみたり、動きを示す猿のおもちゃをじっと眺めているなど、物に対する興味が増し、玩具を遊びの対象として認知できるように変化しています。

一〇月一五日：おもちゃの電話を無表情、無発声でぶらぶらと振っているだけ。

一〇月二八日：積木を拾っては捨てるのを無表情に繰り返し、時折、首振り、フラッピングを行う。

一一月一一日：おもちゃの入っている台車をひっくりかえして笑顔を見せる。笑顔を三回見せる。

一一月二五日：ひっくりかえしたおもちゃを立て直したり独り言と思えるような声を出していることが多い。微笑三回。

一二月二一日：おもちゃを両手で持って顔の前に持っていき、笑顔を見せ、その後すぐにカメラのほうを向いて、笑う。機嫌の良さそうな顔を見せること四～五回あり。

一二月二八日：太鼓をいじっているが、横にあったバチを握って叩く。

一月一八日：電動の猿の人形を手にとって遊ぶ。五メートルほど離しておくとじっと猿の動きを眺めている。

二月一〇日：トラックのおもちゃで遊ぶが、頻繁にカメラのほうを見る。太鼓を横で叩くとすぐにそこにはっていく。

二月二二日：円盤で遊ぶが投げ捨てることが少ない。左手に円盤を持ったまま右手でおもちゃの機関車を引き寄せる。

②母親との共同遊び（本児を抱いての読書）について

母親に対する応答行動が著しく変化しました。母親と一緒にいても指しゃぶりを無表情に続けている状態から、徐々に笑顔が増え、母親を振り返って見るなどの行動が増加し、最終的には、母親に向かって語りかけるように声を出すに至りました。

一〇月一五日：無表情、無発声で左の拇指をいつもしゃぶっている。母親の顔を無表情に一度見る。

一〇月二八日：指なめ、首振りをしていることが多く、母親の顔を一度振り向いて見る。発声三～四回あり、表情の変化はない。

一一月一一日：母親の顔を振り向いて見ること一二回。二回程度は笑顔が伴う。
一一月二五日：母親の顔を見ること二一回、笑顔が伴うこと一三回。
二月一〇日：五分間のうち最初の一分半は笑顔がたえないという感じ。母親の顔を見ること八回。
二月二二日：母親の顔を見ること二七回。笑顔がたえず特に母親と目が合うとニコッと笑う。母親を見ながら話しかけるように発声することが五～六回ある。
三月七日：母親の顔を見ること一二回。
三月二四日：母親の顔を見ること二二回。笑顔も伴う。

援助効果に関する考察

二一セッション、約六カ月のセラピーの中で、本児は、首振り、舌の突出といった常同行動をセッションの進行と共に減少させ、同時に、他者とのコミュニケーション行動と捉えられる視線の合致頻度を増加させるといった変化を示しました。また、そうしたセラピー中の行動変化だけではなく、遊びの様子も明らかに改善しました。当初、おもちゃをぶらぶらと振っているような、非機能的な遊びしかできなかった状況から、太鼓に興味を示してバチで叩いて音を鳴らして遊んだり、トラックのおもちゃを転がすといったより機能的な遊びに発展していきました。それだけではなく、母親から本を読んでもらっても、指なめ、首振りといった遊びとは関係のない自己刺激的な行動を行っている状態から、母親の顔を振り向いて眺め、まるで、話しかけるかのように声を出すという行為にまで変化しました。

さらに、本児の姿勢も改善を示しました。背中の前屈姿勢から、直立姿勢へと変化をしました。姿勢の歪みは、からだの筋緊張–弛緩のアンバランスから生じるものであり、まさに、誤った自己制御の結果として現れるものです。臨床動作法におけるリラクセイションを通して、身体運動としての姿勢のコントロール力が改善したものと思われます。

このように、臨床動作法は、問題となる行動の生起に関わる環境要因（先行条件）や結果事象を操作したり、標的行動そのものを取り扱うのではなく、自体の主体的操作性を高める、すなわち、成瀬（一九八五）の言う、努力の仕方を向上させ、行為全体の主動化を図ることによって、結果的に、標的となる常同行動など、問題行動の改善に効果を発揮するものと思われます。

■研究例②
――臨床動作法における課題姿勢と臨床効果の関係性

臨床動作法においては、取り入れられる動作課題はリラクセイション課題とタテ系動作課題に大きく分けられます。リラクセイションは、仰臥位、側臥位、伏臥位の姿勢において、四肢・体幹の筋を弛緩させるための援助が行われることが多い一方、タテ系においては、坐位、膝立位、立位、歩行といった重力に抗して姿勢を立てる行為を伴う動作が取り入れられます。

このうち、リラクセイション課題は、過剰な筋緊張亢進が生じ、慢性的な筋腱の過緊張状態が持続するさまざまな運動障害においては、不可欠となります。

同じリラクセイション課題の中でも、臨床動作法では「躯幹のひねり」と呼ばれる体幹部の側臥位でのリラクセイションはほぼすべての動作者に適用されるほど基本的な課題です。一方、脳性まひ者の多くに生じる体幹部の屈曲や過伸展に対しては、坐位姿勢の中で「背反らせ」「胸屈げ」と呼ばれる体幹屈伸動作のリラクセイション課題が取り入れられます。
本研究は、この体幹部のリラクセイション課題をどのような手順で組み合わせることが運動障害児／者の筋弛緩を有効に促すことができるかについて、客観的に検討したものです（遠矢、一九九四）。

方法

［対象者］
X年一月現在、A特別支援学校中学部三年に在籍する一五歳女子であり、B病院にて、福山型先天性筋ジストロフィー症と診断されていました。初診時、姿勢保持能力としては、自力での坐位の保持は不可能で、首のすわりが一応可能といった段階でした。脊柱の側弯が進行してきているためコルセットを処方されていましたが、コルセットによる躯幹の運動制限の影響もあって、躯幹の可動性が低く、上体の屈伸がほとんどできない「板のような状態」でした。

［動作課題］
本児の主治医と筆者との連絡のうえ、疲労を引き起こすような過度の運動を行わせないことを条件として、主治医および母親、本人との合意のうえで、躯幹筋群の過緊張に対するリラクセイションを実施しました。特に、躯幹の回旋・屈曲方向への運動制限が顕著であったので、臨床動作法でいう坐位での「胸屈げ」、側臥位での左右両方向への「躯幹ひねり」を行いました。「胸屈げ」とは、トレーニーは坐位姿勢をとり、トレーナーはトレーニーの背後から胸部、上腹部に手掌を当てて、そこを支点にしながら躯幹の屈曲・伸展を行う方法です。「躯幹ひねり」とは、トレーニーが側臥位をとり、トレーナーはトレーニーの腰部の動きを

ブロックし、同時に胸部を軽く押さえながら、躯幹の回旋運動を行う方法です。

躯幹ひねり、胸屈げの二つのリラクセイションの実施順の違いによって、セラピー効果の現れ方にどのような差異がみられるかを検討するために、第1セッションから第4セッション、および、第5セッションから第6セッションのリラクセイション実施順を変化させて、後述する生理指標を測定しながらセラピーが行われました。

第1～第4セッションは以下のとおりです。

①仰臥位における安静時の生理指標測定　5分（プリテスト仰臥位）
②長坐位における安静時の生理指標測定　5分（プリテスト坐位）
③胸屈げ1　10分
④右方向への躯幹ひねり　5分
⑤左方向への躯幹ひねり　5分
⑥胸屈げ2　10分
⑦長坐位における安静時の生理指標測定　5分（ポストテスト坐位）
⑧仰臥位における安静時の生理指標測定　5分（ポストテスト仰臥位）

第5セッションでは、躯幹右ひねり、左ひねりを各5分行った後に、胸屈げ20分を行い、第6セッションでは、セラピー時間も変更して、躯幹右ひねり7分半、躯幹左ひねり7分半の後に、胸屈げ15分の順で実施しました。結果的にいずれのセッションにおいても、プリテスト、ポストテストを除き、30分のセラピーが行われたことになります。

筋弛緩が生じると、身体末梢部の血流が増加し、結果的に末梢皮膚温が上昇します。本研究では、この指標にあわせ、心拍数、呼吸数といった心身のリラクセイション状態に関わる生理変化をみることによって、臨床動作法の適用手順とその効果について比較検討を行いました。いずれも日本電気三栄製マルチテレメータ511用センサーによって測定されました。

［測定内容］

①皮膚温：右手第二指先にメディカルテープで装着した皮膚温センサーから測定しました。

②心拍数：左手第二指先に装着した指尖容積脈波センサーを通して容積脈波形を測定し、心拍数をカウントしました。

③呼吸数：鼻孔下に装着した呼吸センサーを通して呼吸波形を測定し、心拍数をカウントしました。

これらの指標をモニターすることにより、以下の点が明らかになると考えられました。

①セラピー実施により、心拍数および呼吸数が上昇している場合、セラピーそのものが、疲労につながっている可能性がある。

②心拍数、呼吸数共に大きな変化なく皮膚温が上昇するとすれば、身体的負荷を与えることなく、体幹から末梢部位に至る全身的血行状態を改善するためにリラクセイション法が有効である。

表１　プリテスト、ポストテストにおける皮膚温、心拍数、呼吸数

セッション		プリテスト１（仰臥位）	プリテスト２（坐位）	ポストテスト１（坐位）	ポストテスト２（仰臥位）
皮膚温（℃）	1	23.7	22.8	32.6	30.4
	2	21.0	21.0	31.8	30.8
	3	21.0	21.0	28.2	26.6
	4	20.0	21.2	31.4	32.8
	5	21.2	21.0	32.8	30.8
	6	22.8	21.6	24.0	24.6
心拍数（回／分）	1	83	96	86	68
	2	88	112	102	71
	3	98	109	104	77
	4	89	105	112	83
	5	97	112	110	89
	6	82	85	87	71
呼吸数（回／分）	1	23	29	24	22
	2	24	26	24	24
	3	23	21	22	23
	4	23	24	24	24
	5	27	28	25	23
	6	22	24	22	21

結果と考察

プリテストからポストテストに至る各指標のセッションごとの変化を表１に示します。統計的な分析の結果、以下の変化がみられました。

①皮膚温：仰臥位、坐位いずれの姿勢においても皮膚温が上昇しました。

②心拍数：仰臥位姿勢において減少しました。

③呼吸数：坐位姿勢において減少しました。

すなわち、セラピーによって、本児は呼吸数、心拍数を減少させる形で呼吸循環機能の安定化が促されると同時

に、末梢血流量を増加させる形で、心身のリラクセイションが促進されたことがわかります。疲労させることなく、全身的血行状態の改善を促したと考えられます。

ところで、先に示したように第4セッションと第5および第6セッションは、課題の施行順を変えましたが、その結果、興味深い知見が得られました。セッション4とセッション5を比較してみますと、皮膚温の上昇は、躯幹ひねり、という臥位姿勢でのセラピープロセスでみられるのではなく、胸屈げという坐位姿勢での課題実施中にみられることが明らかとなりました。

これらの結果から、以下のことが考察されます。

①臨床動作法において用いられるリラクセイション諸技法は、筋ジストロフィー症をはじめとする運動障害児の心身のリラクセイション課題として有効である。

②その効果は、呼吸数、心拍数が減少しながらも、末梢皮膚温が増加する形で示される。すなわち、呼吸循環機能におけるエネルギー消費を抑えながら、対象者を過剰に疲労させることなく、末梢血流を上昇させうる。

③皮膚温の上昇はとりわけ、胸屈げという坐位姿勢でのリラクセイション課題実施時に顕著に認められる。すなわち、動作法でいう「タテ系」課題の実施は、生理機能の安定化という客観的視点からも重要である。

本児は、こうした生理指標の改善に伴い、「楽になった」「からだが軽くなる」「背が高くなったようだ」との感想を語っていました。臨床動作法は、本人自身が主体的に自体をコントロールするという能動的活動が最も重要視されますが、そうした主体的活動を援助する目的で用いられるリラクセイション課題は、動作主体の心身の心地良い体験を同時にもたらすことに大きな意味があるものと思われます。

文　献

成瀬悟策（一九八五）『動作訓練の理論：脳性マヒ児のために』誠信書房
遠矢浩一（一九八八）重度精神遅滞児に対する動作訓練法の効果：行動と姿勢の改善過程『特殊教育学研究　二六巻』五七～六四頁
遠矢浩一（一九九〇）重度精神遅滞児に対する動作訓練法の効果：訓練継続による効果の増大『特殊教育学研究　二八巻』五三～五九頁
遠矢浩一（一九九四）年長進行性筋ジストロフィー症児に対する臨床動作法の効果：発話データ・皮膚温・心拍数・呼吸数を指標として『九州大学教育学部紀要（教育心理学部門）三九巻』六九～七八頁

臨床動作法の実践をまなぶ

初版第1刷発行　2019年10月7日

監修者　針塚　進
編　者　遠矢浩一
発行者　塩浦　暲
発行所　株式会社　新曜社

〒101-0051　東京都千代田区神田神保町3-9
電話　(03)3264-4973(代)・Fax　(03)3239-2958
E-Mail：info@shin-yo-sha.co.jp
URL：https://www.shin-yo-sha.co.jp

印　刷　メデューム
製　本　積信堂

ISBN978-4-7885-1650-2 C3011

執筆者紹介

監修者

針塚　進（はりづか　すすむ）

筑紫女学園大学人間科学部 特任教授／九州大学 名誉教授

1977 年、九州大学大学院教育学研究科博士課程教育心理学専攻単位修得満期退学。教育学博士。山形大学教育学部講師・助教授、九州大学教育学部助教授・教授を歴任し、2013 年に定年退職。中村学園大学教授を経て現職。日本臨床動作学会常任理事、日本心理臨床学会常任理事。研究テーマは臨床動作法、心理リハビリテイションのほか、心理劇（サイコドラマ）や障がい児心理学、高齢者心理学など多岐にわたる。著書は『障害動作法』（共編・学苑社）など。

編　者

遠矢浩一（とおや　こういち）

九州大学人間環境学研究院人間科学部門臨床心理学講座 教授

1992 年、九州大学大学院教育学研究科博士課程教育心理学専攻修了。博士（教育心理学）。上越教育大学助手、九州大学教育学部講師、九州大学大学院人間環境学研究科助教授・准教授を経て現職。九州大学人間環境学府附属総合臨床心理センター子ども発達相談部門室長を兼任。発達障がい児の対人関係支援や家族支援、運動障がい児のリハビリテイションなどをテーマに研究・臨床活動を行っている。著書は『軽度発達障害児のためのグループセラピー』（編著・ナカニシヤ出版）など。

分担執筆者（収載順）

井上久美子（いのうえ　くみこ）

西南学院大学人間科学部心理学科 准教授

菊池哲平（きくち　てっぺい）

熊本大学大学院教育学研究科 准教授

望月　宇（もちづき　たか）

株式会社鉄拳貿易 代表取締役社長

座間味愛理（ざまみ　あいり）

長崎短期大学保育学科 講師

細野康文（ほその　やすふみ）

長崎純心大学人文学部地域包括支援学科 講師

柳　智盛（りゅう　ちそん）

長崎国際大学人間社会学部社会福祉学科 准教授

宮里新之介（みやざと　しんのすけ）
鹿児島女子短期大学児童教育学科 准教授

平山篤史（ひらやま　あつし）
沖縄国際大学総合文化学部人間福祉学科 准教授

服巻　豊（はらまき　ゆたか）
広島大学大学院教育学研究科 教授

本田玲子（ほんだ　れいこ）
南州農場株式会社 代表取締役社長

髙橋佳代（たかはし　かよ）
鹿児島大学大学院臨床心理学研究科 准教授

久　桃子（ひさし　ももこ）
九州大学人間環境学研究院 学術研究員

藤原朝洋（ふじわら　ともひろ）
大阪教育大学教職教育研究センター 特任講師

古川　卓（ふるかわ　たかし）
琉球大学グローバル教育支援機構保健管理部門 教授

本吉大介（もとよし　だいすけ）
熊本大学大学院教育学研究科 准教授

池永恵美（いけなが　めぐみ）
大分大学福祉健康科学部 講師

小澤永治（おざわ　えいじ）
九州大学大学院人間環境学研究院人間科学部門臨床心理学講座 准教授

古賀　聡（こが　さとし）
九州大学大学院人間環境学研究院人間科学部門臨床心理学講座 准教授

人名索引

◆や　行

事項索引

◆さ　行

◆ま　行

◆や　行

◆ら　行